U0016208

오뚝이 육아

媽媽的
說話練習 2

培育內心堅韌、不畏失敗的
不倒翁孩子

尹智映 윤지영 / 著　馮燕珠 / 譯

推薦序

孩子會怎麼回應你，
取決於你如何與他互動

陳志恆

之前，我曾寫過一本相當受到歡迎的教養書《擁抱刺蝟孩子》。有一次，我被一位家長問到：「刺蝟孩子是怎麼形成的？是因為缺乏自信嗎？」

我看過很多刺蝟幼童和刺蝟青少年，認真想想，刺蝟孩子的成因很多。也許是大腦發展的關係，也許是青春期的身心變動，也許是遭遇嚴重挫敗或創傷，也許，孩子就是天生具有高敏感氣質。然而，我知道更重要的原因。我告訴這位家長：「孩子會怎麼回應你，取決於你怎麼和他互動。」

正如《媽媽的說話練習2：培育內心堅韌、不畏失敗的不倒翁孩子》一書作者談到的，育兒工作中，關於如何讓孩子吃飽、穿暖等任務相對簡單，面對與處理與孩子之間的情緒矛盾，才是大魔王等級的挑戰。而所謂的刺蝟孩子，正是

容易表現出劇烈情緒，也容易引爆家長的情緒火山。

前幾天，幼兒園大班的女兒放學回家，照慣例會來段「放學後自制力崩潰」，但這回卻眉開眼笑。我和太太卸下緊繃，輕鬆問候孩子的學校生活，談到某件事時，女兒突然臉色大變，沒有應答。太太再問一次，女兒竟用手指著太太，大聲發出：「哼！哼！哼……」的聲音。

「怎麼可以對媽媽這麼沒禮貌，媽媽只是想關心妳耶！」我連忙呵叱，孩子雖然不再說話，但仍然心情不佳。我很想要求孩子立刻向太太道歉，但隨即意識到，剛剛我的憤怒被孩子挑起了，需要先自我安頓。

稍晚，女兒洗完澡，我幫女兒吹乾頭髮時，再度提起這件事：「剛剛妳回家時，媽媽問妳問題，妳對媽媽說話的口氣很兇，妳有發現嗎？」女兒沒回答，我繼續說：「這樣說話，會讓媽媽很不舒服，我聽了也有些生氣喔！」

「我知道你不是故意的，妳可能不想回答媽媽的問題，或者是累了。但是妳的口氣不該這麼兇，我希望妳可以語氣溫和地說話。或許，妳可以好好地告訴我們：『我不想說』，或者：『我現在不要回答這個問題』。」

女兒點點頭。我知道她聽進去了，也許下次還會出現類

似狀況，但一次會比一次進步。後來女兒告訴我，她其實已經回答了，只是我們沒聽到，而她不喜歡別人一問再問。

我選擇在孩子情緒緩和後，與孩子積極對話。我心平氣和地說出孩子做了哪些事，需要如何調整，也讓孩子知道，我願意理解她。當然，我也謝謝她願意說出心情與想法。

《媽媽的說話練習》出版後，在國內好評不斷；《媽媽的說話練習2》主要介紹作者的育兒理念「不倒翁育兒法」，特別運用在應對與孩子情緒衝突時。

不倒翁育兒法的核心精神，就是與孩子進行積極正向的對話，讓孩子感到被接納與被肯定。而非說些消極否定的話語，讓孩子感到無力挫敗甚至自我放棄。特別是面對多愁善感或容易出現負面情緒的孩子，《媽媽的說話練習2》書中，依然有許多具體的回應例句，讓讀者好懂易上手。

本書更大的亮點，是引導家長回到自己身上，觀察與反思自己的情緒調節能力，試著理解自己屬於哪一類型的父母。唯有自我覺察，才能開始調整，修正與孩子說話與互動的方式。而你也許會發現，自己才是刺蝟家長。這時候，你需要先擁抱自己，安撫與支持自己。大人怎麼做，孩子就怎麼學。

最後，許多人問，為什麼書名是「媽媽」的說話練習，難道爸爸都不需要調整或改變嗎？其實，作者本身就是個媽媽，她敘說的是自己身為母親遇到的挑戰，因而如此命名。

　　然而，我也認同，不只媽媽，爸爸也負有育兒教養的責任。任何與孩子互動的照顧者，都適合翻開這本書來研讀。當越多大人懂得如何與孩子有智慧地對話、更良善地相處時，孩子便更有機會成為善於調節自我，並能獨立自主的成人。

　　　　（本文作者為諮商心理師、臺灣 NLP 學會副理事長）

推薦序

說好話，成為孩子仰光的存在

宋怡慧

　　作者在韓國是風靡教養圈，人稱不倒翁老師的尹智映。她認為父母只要找對溝通的方式，育兒其實是愛與被愛的修練場。她獨創的「不倒翁育兒」則是透過感情交流與理性溝通來解決彼此的矛盾，同時，透過度化練習培養孩子的自尊感和復原力。

　　她在這本書傳遞重要的溝通智慧在於「說好話」。「好話」蘊含溝通者溫暖又精準的表達，每個言語都藏有善意的力量。我特別喜歡書中提到的四種教養模式：旁觀者、獨裁者、朋友型、導師型，它也協助我釐清自己的溝通模式。當大人真誠對小孩說出：「過去我也是這樣的。」「你真的做得比我好多了。」「沒關係，我們可以再試試。」就能幫助孩子一起釐清困難的所在，陪伴他們找到調整的方向。父母

積極正向的回饋，是我們對孩子溫柔又寬容的教養底線。這能讓他們明白，任何情緒都是可以被接納與支持的，只要你願意不畏困難，培養堅韌的心靈肌肉，就有機會不斷超越困難。

《媽媽的說話練習2》保留前作實用療癒的文字風格，透過大人理性覺察、正向溝通的說話模式，讓孩子學會壯大心理資本，進行真實情感的互動，大人積極正向的語言，可以讓孩子擺脫挫敗與恐懼，練習自尊和復原力的心靈肌肉。尹智映給我們一份溫暖的溝通書，得到相互的護守與雙向的共鳴，道家說：「上善若水。」就像書中的不倒翁不管遇到任何困境，都在鍛鍊內心強大的力量。我想，雨季或許不會驟停，但絕對有人幫你撐傘擋雨，如我們在孩子生命的仰光存在。

（本文作者為作家、丹鳳高中圖書館主任）

序

給那些與孩子常有情緒衝突，
溝通困難的媽媽們

　　我是兩個孩子的媽媽。有個剛上國中的女兒和小學三年級的兒子。我一直希望孩子們能快點長大，因為育兒真的很難，在家裡撫養孩子比在學校教導孩子更難。

　　撫養孩子時遇到的最大困難，就是情緒上的衝突。比起做菜，說服不吃東西的孩子吃飯更難；與教導孩子相比，說服和安慰討厭學習的孩子更難。一天只寫一頁習作而已，邊寫卻邊抱怨；明明玩了一整天，卻還是吵著說沒玩夠，不想回家。這些情況在成人的認知裡應該是完全無法理解的吧？該怎麼處理？不只困難，也很為難。

　　我一直努力在人際關係中盡量不製造矛盾，無論是家人還是朋友、職場同事關係，我都盡量避免發生衝突。當情緒

不滿時，比起為了解決而試圖對話溝通，我通常會選擇不表露情緒。即使有不滿的地方，大部分都會忍過去。我很少坦率表達自己的情感，也幾乎沒有抱怨過辛苦或請求幫助。在未曾體察自己內心的情況下，實實在在地履行自己的責任和分內工作，避開對立和摩擦。這是因為解決矛盾的情感能量消耗太大了，在人際關係中，避免矛盾是我保護自己的一種方式。

　　與對方保持距離避免衝突，這種方式雖然對我在社會生活中有利，但成為母親後，卻反而成了與孩子建立關係時的絆腳石。孩子不像大人一樣會預測矛盾、事先防止衝突或適當迴避，因為他們並不擔心是否能和平相處，對這時的他們來說，自己的需求更重要。

　　我的大女兒性格比較溫順，所以在養育過程中沒有什麼太大的衝突，但是卻特別容易與弟弟發生爭吵。兒子的性格則比較敏感，只要事情不如己願，就會感到很大的失落或挫折感，無法處理負面情緒。

　　例如沒吃到想吃的東西雖然很可惜，但只要安慰自己明天再吃就好。可是兒子只要遇到不順，情緒就無法轉換，一直被不滿的情緒束縛，也常把這種情緒能量傾注到親近的人

身上，尤其是媽媽。

　　即使用「我知道你很想吃」（共鳴）或「現在沒有，晚一點再吃吧」（說明）的方式溝通，通常沒有什麼用，根本無法進行對話。他會固執地耍賴、糾纏，直到滿足需求為止。每當這種時候，我腦袋裡都會想「又開始了。」「這回他不知道又要鬧幾個小時了。」

> 😟 我要在麵包上抹果醬吃。
>
> 😃 這樣啊，可是現在沒有麵包耶。媽媽煮好飯了，先吃完飯，晚一點再出門買麵包吧。
>
> 😟 可是我現在很想吃……為什麼沒有麵包？
>
> 😃 我知道你現在很想吃，可是現在就是沒有啊。媽媽不是說會去買嗎？等晚上回來再吃吧。
>
> 😟 那妳為什麼要買果醬？
>
> 😟 你怎麼又這樣說話了？

　　因為過去一直習慣避免與人發生衝突，能不吵架就不吵

架，所以我缺乏如何調節情緒、應對矛盾的經驗和知識。每當面對這種情況時，腦海中都會充滿問號，心想「這種時候該怎麼說呢？」「該怎麼做才好？」我在不善於處理情緒的情況下成為了母親，所以很難透過溝通解決與孩子的情緒爭執，也就很難累積親子間的紐帶。

孩子的不平與不滿、耍賴和固執導致的能量消耗，可以說是每個媽媽都會經歷的過程。不只像我這種習於迴避矛盾的人對孩子的情緒衝突感到棘手，我想對所有的媽媽來說應該都是個難關。

餵食、幫孩子洗梳、哄睡⋯⋯這類育兒勞動會隨著孩子的成長逐漸減少。孩子自己能做的事情越來越多，媽媽在體力上也稍微可以喘息，但另一方面孩子也開始懂得表達自己的意見，於是與孩子的情緒鬥爭開始了。在需要代為滿足所有需求和欲望的嬰兒期，媽媽的身體會感到疲憊。然而到了開始表達自己意願的幼兒期，媽媽內心的疲憊會大於身體。只要不和孩子發生情緒上的矛盾，育兒就會變得很輕鬆。但要怎樣才能那樣順心如意地養育孩子呢？「不倒翁育兒」或許就是答案。

不倒翁育兒是透過感情交流與溝通來解決矛盾，培養孩子的自尊感和復原力的育兒法。透過共鳴和教導、積極的相互作用，幫助孩子對自己和世界產生正面的想法，這就是不倒翁育兒的核心。

成為母親已經十多年了，現在和以前比起來，養育兩個孩子變得更輕鬆又有趣。當然育兒絕對不容易，但至少現在比較得心應手了。若要說和以前有什麼不同，我想最大的差異就是現在幾乎不再與孩子們發生情緒上的衝突。因為孩子變得很聽話了嗎？也不是那樣。雖然隨著孩子逐漸長大，的確少了一些必須操心的地方，但兒子還是兒子、女兒還是女兒，他們仍是一個小學生和一個國中生，不同的角色還是有不同的問題。

一路走來，經歷過生氣、咆哮、訓斥、事後懊悔、煩惱、認真反省等與孩子的情緒衝突後，現在算是在教育孩子方面比較順手了。每一次面對情緒上的難題都努力嘗試解決，也因此產生心靈的肌肉，累積穩固的能量。現在若再遇到類似情況，我會這樣說：

想吃麵包啊，可是現在沒有耶。想吃卻沒辦法吃到的心情，媽媽可以理解。可是聽到你這樣質問為什麼沒有麵包？媽媽有點難過，感覺好像被罵了。你因為現在沒有麵包吃而難受，媽媽因為覺得好像被兒子罵，心裡也不好受。晚一點媽媽就去買，等你晚上回來再吃吧。

這樣透過情感交流解決矛盾的對話與溝通，可以說是我在成為媽媽之後，特別是在養育老二的過程中學到的。

回想起來，在撫養孩子的過程中，其實我自己也成長了很多。因為有那些過程，才成就現在的我，真得謝謝我的孩子們。但我想不只是我，為人父母在撫養孩子的過程中，一定都會與孩子一同成長。育兒是父母學習和成長的第二次機會。

我也不是一開始就會育兒，也經過反覆嘗試，才逐漸成長，成為「資深媽媽」。沒有人從一開始就熟練某件事，當然一定有一開始就順利輕鬆兼顧生活和育兒的媽媽，但我相

信像我一樣經歷反覆嘗試，從經驗中逐漸學習的媽媽更多。

　　每個人都是第一次擔任父母，養育孩子就是大大小小各種難關的延續。我們無法阻止育兒時面對的難關和考驗，但可以改變應對的方式和態度。不是要矯正孩子，而是由身為父母的我們下定決心改變，才能把對孩子的負面想法和擔心轉移到正面的理解和信任上。

　　為了長久幸福的生活，必須擁有自尊和復原力這二種堅實的心理資本，但這不是與生俱來，而是靠後天的建立發展。如果有正向溝通、時時給予溫暖共鳴和理性教導的父母，相信孩子必然會像即使摔倒也能夠自己重新站起來的不倒翁一樣，成長為不畏困難，內心強大的人。

目錄

第一部　介紹不倒翁育兒

第 1 章　＊　不倒翁育兒是什麼？

第 2 章　＊　必須先知道會在哪裡跌倒

第 3 章　＊　不倒翁育兒是正向積極的育兒

不倒翁育兒，父母的共鳴和教導很重要

第 1 章 ✳ 不倒翁育兒，父母的共鳴很重要

第 2 章 ✳ 不倒翁育兒，父母的教導很重要

第 3 章 ✳ 從不倒翁育兒觀點，觀察父母的四種類型

第三部 不倒翁育兒在現實生活中是這樣活用的

第一部

介紹不倒翁育兒

不倒翁育兒
是什麼？

不倒翁育兒
培養心理健康的孩子

　　每個父母養育子女的方式都不同，這取決於孩子的性格和父母的價值觀。每個孩子都是獨一無二的，父母也是，所以育兒方式沒有正確答案。育兒方式很多，但目標只有一個，就是「自立」，也就是幫助孩子成為獨立自主的成年人。人並不是一出生就能獨自生活，也不是靠自己就領悟到獨立生活的方法，所以父母必須在身邊保護、照顧和教導，這就是育兒。

父母給孩子的三種支援

為了讓孩子自立，父母提供的支援可以分為三大類。

為了孩子自立，父母的三大支援

父母的支援	父母的角色	支援	孩子的成長	目標
照顧	解決衣食住行，保護孩子免受危險。	經濟資本	身體發育	身體上的自立
教育	啟發素質和才能，送孩子去學校或補習班學習。	知識資本	認知發展	經濟獨立
情緒	與孩子產生共鳴，讓孩子可以安心自在地表達。	心理資本	情緒穩定	心理自立

第一，照顧。這裡是指保護孩子免受危險，滿足孩子的食、衣、住、行需求及生活上的一切。照顧是與孩子的身體發育、穩定成長相關的事。

第二，教育。讓孩子可以學習，開發智能、性格與能

力。包括讓孩子上學、上補習班或父母生活上的教導，都可以說是教育方面的支援。這與孩子的智力成長和認知發展有關。

第三，情緒。了解孩子的心，給孩子可以安心自在表達的機會，並與孩子產生共鳴和交流。這個部分與孩子的情緒發展有關，如果說照顧和教育支援需要父母的經濟資本和知識資本，那麼情緒支援就需要父母的心理資本。

父母為孩子提供的三大支援最終目標只有一個，就是培養孩子「自立」。照顧支援身體自立、教育支援經濟自立、情緒支援心理自立。

✳

疏於情緒支援的兩個原因

沒有父母會對孩子完全不管、不教導，不過一般父母比較關注在身體發育和認知發育上，對情緒發育相對沒那麼在意。這是為什麼呢？

因為不易暴露缺乏。在身體發育方面，孩子與同年齡的小朋友在一起，很容易就可以察覺到身體發育的差異，「我

的孩子個子比較小」、「我的孩子好像比較瘦」，於是父母
會提醒自己「多注意孩子的飲食」、「讓孩子早睡早起」，
尋求補救的方法。認知發展也是如此，透過學校或補習班的
學習成果，可以知道孩子是否跟得上進度、哪些科目比較需
要加強、可以再提供什麼幫助等。**身體或認知上的缺乏只要
用心觀察不難發現，但是情緒上的缺乏不只很難表現，父母
也不易察覺。**多數父母只要覺得孩子吃飽、睡好，通常不會
太注意孩子的情緒狀況，所以很容易疏忽情緒支援。

　　另外，很可能父母本身也沒有足夠的心理資本。要給予
些什麼，自己得先擁有才行，心理資本也是如此。**如果父母
本身就未曾從自己的父母那裡得到理解及自在表達情感的經
驗，在成為父母後，通常也不在意幫助孩子情緒發展的必要
性，或不知道該如何做。**

　　即使父母疏忽了情緒支援，但只要能給予完整的照顧和
教育支援，表面上看起來，孩子仍是在良好的環境中成長。
但孩子可能會在家庭中感受到被冷落、孤立感、漠不關心，
即使在外界看來孩子的成長環境無可挑剔，但內在卻會因沒
有從父母那裡得到共鳴和理解而感到情緒上的匱乏。在父母
不知情的情況下，孩子的心理會生病，會感到孤獨。

父母的角色無可取代

情緒支持非常重要，這是為人父母無可替代的作用。照顧支援可以尋求外力協助，可以花錢請保姆或者送到託嬰中心；教育支援也有替代方案，學校、補習班，甚至請家教，可以尋找各種專家。

但是情緒支援不能外包。我們可以找到代替父母照顧孩子吃飯、教導孩子的人，但卻無法找到能夠真誠與孩子建立共鳴和理解孩子想法和情緒，鼓勵並幫助孩子安心表達的人。為了孩子的心理自立，情緒支援是只有父母才能發揮的不可替代的作用。

照顧或教育方面有各種領域的專家，這些專家可能可以比父母發揮更好的作用，但是沒有一個專家可以取代父母在情緒和心靈上對孩子的支援。

只要經濟許可，照顧支援和教育支援可以盡情尋求外界幫助，但情緒支援不行。照顧或教育支援會受到父母收入或經濟能力的影響，但情緒支援則不然。 換句話說，任何父母都可以不受經濟限制地給予孩子情緒支援，這就是父母在孩

子心靈成長中的最重要的角色。

　　父母在自己的成長環境中，如果經歷過充分的共鳴和理解、感受過積極的支持，那麼為人父母後，也會自然而然給予孩子情緒上的支援，培養孩子健康、穩定的心理力量；相反地，如果小時候沒有人傾聽、關心自己心中的想法，那麼當了父母之後，就很容易重複自己小時候經歷的模式。如果有個情緒發展不足的童年，那麼要幫自己的孩子培養健全的心靈相對困難許多。從原生父母那裡得到的照顧、教育、情緒支援的標準，將成為養育子女的基礎。

　　不過情緒發展是後天的，自尊和復原力都是後天可以培養的心靈肌肉。不倒翁育兒是透過父母的情緒支援，培養孩子的自尊和復原力。即使是在心理資本不足的情況下成為父母，只要透過不倒翁育兒，與孩子積極對話和溝通，也可以成為能培養孩子健康心靈的父母。

　　培養孩子的自尊和復原力永遠不嫌遲，**即使是在青春期因叛逆讓親子關係扭曲、孩子心門緊閉、缺乏溝通的情況下。父母只要不放棄給予關心，孩子的情緒就會穩定，心靈也會健康成長。復原和成長的最佳時期就是現在。**

不倒翁育兒的核心

父母與孩子的積極互動

　　摔倒後很快重新站起來的不倒翁，象徵了展現充分的自尊和復原力。自尊、復原力都是代表心靈健康的心理學用語，既有相似之處，也有不同的地方，我們就先來談談自尊和復原力的概念吧。

自尊

自尊是對自己價值和能力的主觀評價，出於對自身存在

的信念：「自我價值」以及對自身能力的信念：「自我效能」所構成的。透過自己的力量取得某種成就的經驗和存在本身得到認同和喜愛的經驗越豐富，就越能產生健康的自尊。自尊越高的人，對自己的評價就越正面。「我很重要」、「我什麼都做得到」……肯定自己的存在，認為自己很有能力，絲毫不被外界評價和判斷動搖，對自我總是保持著積極的看法。相反地，自尊越低的人越會覺得自己無能，認為自己毫無價值，總覺得「一定是我的問題」、「我什麼都不會」、「我就是這樣」，很容易自責和自虐，自我評價是否定的。因為對自己沒有信心，所以根據別人的評價，自尊心也隨之動搖。

✳

復原力①

復原力是指戰勝逆境和考驗，像不倒翁一樣重新站起來的內心力量，是積極面對困難，最終克服傷口的恢復力，也是對抗壓力的心靈免疫力。復原力越大，就越能從失誤或失敗中找到正向的意義，更善於處理失敗、戰勝失敗。

如果說復原力是戰勝逆境的內心力量，那麼自尊就是對戰勝逆境的自己抱持著肯定的評價，兩者之間關係密切，相互影響。自尊高的孩子復原力也高，因為遇到困難時，會憑著對自己積極的信任度過難關；而復原力高的孩子自尊也高，因為喜歡且信任著勇於挑戰困難的自己。

✳

跌倒也能站起來的力量根源——
積極性

每個父母都想把孩子培養成內心強大、自尊高的孩子，希望即使摔倒也能像不倒翁一樣站起來。那麼該怎麼做呢？

想像一下從地上彈起的球，只有球的內部充飽了空氣，才能從地面彈起。如果孩子是球，那麼積極的情緒就像把球填得滿滿的空氣一樣。沒有得到積極情緒的孩子就像洩了氣的皮球一樣沒有力氣，一點彈性也沒有，掉下去就起不來。沒有得到關心、理解、支持和愛的孩子，就像洩氣的球一樣沒有生氣，縮成一團。被空氣填滿的球呢？有彈性，一扔就「砰」一聲彈起來。越是充滿空氣的球，越能彈回原本的高

度。當孩子的內心充滿積極正向的情緒時，就可以像不倒翁一樣站起來。

摔倒後重新再站起來的力量根源是「積極性」，為了培養自尊和復原力，必須給予孩子積極的情緒。球不會自己往裡面打氣，必須從外部注入。積極情緒是心理成長的核心動力，不能靠孩子一個人去創造，需要父母的幫助。為了讓孩子積極接受自己，珍惜自己，必須要有積極給予共鳴和關心的人。

孩子的心理性格會受到童年時期與父母互動的影響，對孩子的情緒成長產生決定性影響的人是父母。若是被父母視為負擔、討厭鬼、問題兒童而長大的孩子，很難樂觀正面地看待自己。只有從父母那裡得到充分無條件的愛、認同和理解，被當作珍貴的存在，孩子才會尊重和肯定自己。只要持續給孩子提供積極的情緒，不倒翁育兒就成功一半了。

身為父母，你是否給予孩子充分的正面情緒？與孩子是否有積極的互動？這個問題應該很難回答吧？其實只要回想一下與孩子的日常對話就可以了，與孩子的互動如何，透過日常生活對話觀察最明顯。

✳
與孩子的消極互動

小學一年級：犯了錯誤，閉著嘴什麼都不說

🙁 你自己說你哪裡做錯了，為什麼又不講話，還不快

說：「我以後再也不敢了！」（冷嘲熱諷的命令）

小學二年級：抱怨寫作業很累

🙁 ·才寫一頁而已就覺得累，有什麼好累的？（壓制情緒）

·玩一整天都不累，只要打開書就累是吧？（責難）

·不只是你一個人會累，你看看非洲的小朋友生活多

苦，想念書還沒得念，你知道你過得有多幸福嗎？

（比較）

小學三年級：遺失鉛筆盒

🙁 ·你都多大了，怎麼還會把鉛筆盒弄丟？你有沒有把

心帶去學校啊？（誘發罪惡感）

・要什麼都有人買給你，所以你都不會珍惜了是吧？
（放大負面）

相信父母都很珍惜和愛孩子，不過一旦遇到上述情況，很多父母都是先罵或否定孩子。孩子已經犯了錯、失誤了，如果又接連受到父母的指責和冷言冷語，就會像洩了氣的皮球一樣越縮越小，最後氣都沒了，肩膀也垮下來。如果無法形成積極的關係，就很難獲得情緒上的安全感。「都是我的問題」、「我怎麼會這樣」……孩子會消極地看待自己，自尊和復原力也會下降。

✳

與孩子的積極互動

小學一年級：犯了錯誤，閉著嘴什麼都不說

如果知道做錯了，就握握媽媽的手，然後和媽媽打勾

勾，約好以後不會再這樣了。（親切約定）

小學二年級：抱怨寫作業很累

- 覺得很累啊？也是，寫作業也是會累的。（共鳴）
- 為什麼你會覺得累？是作業太多了，還是題目太難呢？（釐清問題）
- 如果真的很累，可以先寫一部分就好。你再寫一頁，加油，寫完這頁就先休息一下吧！（調整）

小學三年級：遺失鉛筆盒

- 你也很難過對吧，鉛筆盒不見了，不知道該怎麼辦是嗎？（共鳴）
- 真的不見了也沒辦法，我相信你是不小心的，沒關係。（安慰）
- 弄丟了要先努力找找看喔，去英語教室和科學教室看看吧，都沒有的話就去學校的失物招領中心問問。（教導）

在同樣的情況下，你可以和孩子進行積極的互動，從父母那裡得到安慰和鼓勵、理解和共鳴的孩子會得到力量，就會重新挺起胸膛，走路也不再畏畏縮縮。雖然是自己的失誤，但不會太過於畏縮或自責，而是補足努力不夠的地方，堅定目標。孩子會像充滿空氣的球一樣堅韌。

從父母那裡不斷聽到這種共鳴、理解、安慰的話，孩子會發生什麼樣的奇蹟呢？每當遇到困難時，孩子腦中就會浮現父母曾給過的共鳴、支持和鼓勵的話。在經歷人生大大小小的難關時，心靈就會播放積極的聲音：「沒關係」、「會有辦法的」，從而產生戰勝困難的力量，孩子的復原力也因而提高。

遭遇逆境和失敗不屈服，堅強地重新振作的祕訣，就在於從父母那裡接收到的積極信息。即使面對外界的負面評價和反應，也不會受到太大的影響和傷害。透過與父母的積極互動，孩子可以建立健康的心理結構，提高自尊。

培養孩子自尊和復原力的不倒翁育兒，其核心就是「積極性」，擁有滿滿的積極情緒經驗與能量，即使遇到消極的情況，陰霾也能很快一掃而空。

父母應該幫孩子的內心注入積極性，只有這樣，即使失

敗才能再次鼓起勇氣挑戰。

　　「我如何看待我的孩子？」

　　「我都對孩子說些什麼？」

　　「我說出的話傳達給孩子什麼信息呢？」

　　對於以上問題，應該要能想到「積極」的形容詞。只有父母給予積極的眼光、積極的話語、積極的信息，孩子才能擺脫對陌生世界的恐懼，一步步穩健成長。

---

① 復原力：Resilience，心理諮商的專用名詞，源自拉丁字「resilire」，意為回彈，泛指人或物體具有彈性、韌性或抗壓性，即便受外力擠壓仍能迅速恢復的一種力量。

第 2 章

必須先知道
會在哪裡跌倒

了解父母自身的
脆弱點

　　因為愛，父母可以將自己擁有的所有東西都給孩子，但前提是必須擁有。復原力也一樣，想培養出摔倒也像不倒翁一樣重新站起來、復原力高的孩子，就要從父母自身開始培養復原力。當父母努力克服逆境和難關時，孩子也能從旁學習如何面對人生的困難和痛苦。

　　那麼怎樣才能提高父母自身的復原力呢？為了成為不倒翁般的父母，首先要知道自己可能會在什麼情況下摔倒。**思考一下，我在什麼情況下最脆弱、容易被什麼樣的情緒左右、我能夠忍受的極限是什麼、在什麼情況下會感到心情舒**

暢。知道身為父母的自己有哪些脆弱和不足，以及因此導致的錯誤思考模式，才能找到好好處理的方法。也才能避免一直在原地踏步，轉而向前邁進。

　　每個人的脆弱點都不一樣，要知道自己的脆弱之處並不容易，很多人終其一生都不了解自己。仔細觀察找出自己的脆弱點，坦率承認，面對真實的自己，這其實很難。我就以自己為例，談談我的脆弱點吧。

✳

脆弱點對生活的影響

　　我從三年前開始拍 YouTube，但沒過幾個月就放棄了。影片和文字表達很不一樣，編輯的方法也不同，我下了不少功夫。從企畫到剪輯，對我來說都很難，因為我並不擅長使用電腦。從剪輯到字幕，我一樣一樣從頭學習，就這樣經營著 YouTube，但很快就遇到瓶頸，最終還是放棄了。

　　最近我又重新開始先前中斷的 YouTube 頻道，我發現自己三年前放棄 YouTube 的真正原因並不是因為不會剪輯後製。雖說現在影片企畫和剪輯對我來說仍不是件簡單的事，

但真正的問題是在影片上傳後，看到自己費盡心思拍攝剪輯的影片點閱率那麼低，讓我心情很不好。真正的困難不是剪輯，而是我的時間和努力沒有成果，所以之前我才沒繼續拍片經營 YouTube，純粹是因為我性格上的脆弱點。

我是一個追求成就、完美主義的人。現在好多了，三年前我的完美主義幾乎可以說是病態，所以在剪輯或後製上都要求完美，不容許一點馬虎。而且因為我是成就導向型的人，所以對費盡心思製作的影片沒有得到熱烈反應尤其感到難受，要是再看到有人按了「不喜歡」就更灰心了。面對不完美和沒有成果，是我最脆弱的時候。

時隔三年重啟的 YouTube 頻道，點閱率仍然很低，但是我已經不像之前那樣失望或灰心。我把它當作是處理脆弱點最佳的練習機會，即使下定決心要做好，但也會有事與願違的時候，這對我來說都是珍貴的經驗，也是讓我內心強大的機會。

要收穫必須付出，但付出不一定就能得到預期的收穫，還會產生我為什麼要這麼辛苦的懷疑。但是拋開結果來看，過程中也有很多具有意義的部分。現在我正透過經營 YouTube 頻道學習，雖然不能說完全不執著於點閱率了，

但至少不會因為點閱率而放棄，我終於真正下定決心繼續嘗試，這都是因為我知道了自己的弱點。

＊

每個人的脆弱點都不一樣

人其實都是軟弱的，看起來再堅強的人也有難以忍受的脆弱，世上沒有不會受傷的人。

父母和孩子都有脆弱點，但是父母往往專注在了解孩子喜歡什麼、討厭什麼、擅長什麼、哪裡容易失誤，卻不曾想過自身的脆弱之處。很可能一輩子都不知道自己重視什麼、生活中最重要的價值是什麼，以及為什麼重視，這些屬於自己的故事。

即使不了解自己也不會影響日常生活，但對於人際關係的影響和打擊卻很明顯。缺乏自我理解會影響到人際關係，因為不了解自己，可能對自己有一些錯誤的解釋，就像我一直以為是因為剪輯影片困難才放棄 YouTube 頻道，實際上卻是因為無法忍受點閱率下降。我們不了解自己之前，會去找一個看似正常的理由來合理化行為，這樣或許能立即帶來心

理上的安定自在，但卻會成為妨礙成長的因素。

　　我們沒有想像中那麼客觀地看待自己。為了保護自己，我們會使用各種防禦手段。因此應該找出在不知不覺中形成並固化的自我保護模式和脆弱點，只要有自覺並面對，就能改變。就像我決心不再拘泥於成果，繼續堅持製作 YouTube 影片一樣。只要能客觀地看待自己，行動就會發生變化。

　　如果知道孩子喜歡什麼、在什麼情況下感到自在、在什麼情況下會緊張，就可以找到和孩子相處的方法。讓孩子做喜歡的事情，盡量避免做不喜歡的事情；知道孩子緊張的原因，就能找出讓他放鬆的方法。**我們對自己了解越多，就能和「我」相處得越好，知道「原來我也有這一面啊」，理解「原來是這樣所以我才會那樣做」，就可以用更舒適的方式對待自己，這樣也才能照顧好孩子，建立良好的親子關係。**

✱
觀察身為父母的「我」的脆弱點

　　和孩子一起生活的時間大概只有二十年左右，但我們都要和自己過一輩子。我們試著去理解孩子，想好好撫養孩

子，努力和孩子相處，那麼對於「我」，是否更應該努力理
解，和自己好好相處呢？

　　和自己建立良好的關係，就是與孩子建立良好關係的
第一步。要成為好的父母，了解、觀察、反省身為父母的
「我」在情緒上哪裡比較脆弱是很必要的。

　　老實說，父母再怎麼努力也會有很難改變孩子的時候，
能確保改變的只有自己，所以變化應該從我開始。如果對自
己有所了解，能客觀地看待自己，就可以把困難的情況當作
克服脆弱點的過程和成長的機會。

了解孩子的
脆弱點

　　孩子有自己想做的事，但父母反對，在這種狀況之下，有的孩子會乖乖聽從父母的話，但也有的孩子會堅持把自己想做的事情貫徹到底。

> 😟 媽媽，放學後我可以和同學一起去便利商店嗎？我想去買冰淇淋吃。
>
> 🙁 不行，去便利商店要過馬路，你們自己去很危險。家裡就有冰淇淋，在家裡吃就好。

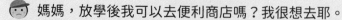

(次日)

🧒 媽媽，放學後我可以去便利商店嗎？我很想去耶。

👩 真的很想去啊，好吧，那你就去吧，不過要小心車子喔，還有要好好保管零用錢，不要亂花。

　　雖說可能是性格溫和，但也有可能「害怕被拒絕」是孩子的脆弱點，所以只要父母說「不行」就不會再問了。因為害怕再度被拒絕，乾脆自己放棄。比起被拒絕的傷痛，放棄欲望的挫折似乎更能忍受，所以才會斷然放棄。

　　相反地，有的孩子會不顧父母的反對，堅持己見，最終一定要得到想要的東西。這種孩子不怕被拒絕，就算父母說不行，也還是要堅持再問兩次、三次，極力爭取自己想要的。身為父母或許會覺得很困擾，但這種孩子在性格上是很勇於克服拒絕的孩子。

　　為了培養像不倒翁一樣，即使摔倒也能重新站起來的孩子，父母要知道孩子在什麼情況下特別容易摔倒，也就是平常就要察覺孩子的脆弱點，根據不同的孩子，養育方式和對話方式也不同。

如果是一被拒絕就退縮的孩子，最好不要一開始就斷然否定他，可以嘗試跟孩子多對話，了解他的想法，讓他能鼓起勇氣表達自己的欲望和理由。如果一開口就說「不行」，那麼就算孩子很想要，也不會再努力爭取。一受到挫折就輕易放棄不再爭取的態度其實並不可取，孩子也得學會面對拒絕、克服拒絕，學習用語言有條理地表達自己想要和需要的東西。如果能理解孩子在這方面比較脆弱，父母就可以多用點心思引導。

- 你想去便利商店啊？（認同欲望）
- 你以前好像沒說過想去便利商店，這次會這麼說一定有理由吧。（正面理解）
- 是有想吃的東西嗎？還是因為同學都去了，所以你也想去？可以告訴媽媽嗎？（提問）

不怕被拒絕的孩子比較容易理解。這種孩子一旦決心想要什麼，就算父母不同意，也不會輕言放棄。在給予共鳴和

理解欲望的同時，父母要避免一味接受和允許，可以適時嚴格把關，給予挫折。**要讓孩子知道，不是每次都能按照自己的欲望去做，要培養孩子對需求的均衡感。**

 ・你想去便利商店對嗎？ **（認同欲望）**

・要去便利商店得過馬路，我覺得很危險。而且你正餐都吃很少，要是去買零食吃，晚餐就更吃不下了，媽媽覺得這樣不太好。 **（說明父母立場）**

・不然我們吃完晚餐後再一起去超市逛逛，怎麼樣？ **（提出替代方案）**

每個孩子的脆弱點不同，有的孩子以自我為中心，很難妥協；有的孩子過於利他傾向，就算大人不堅持，他也會主動讓步。

如果是以自我為中心的孩子，就該教他適時讓步，告訴他必須考慮別人的立場，才能維繫良好人際關係，還要學習有時必須放下欲望。不要用指責的口吻說：「你為什麼這麼

自私？」或者強迫他讓步。就算要孩子讓步，也要明確說明理由，告訴他讓步的用意，而且讓給別人不一定就是吃虧，讓孩子理解並思考行為背後的意義。

· 雖然讓步不容易，但還是要試試。這世界不是只有你一個人，是大家一起生活的啊。（明確的說明）
· 讓步是幫助和關懷他人的作法，你這麼做可以幫助別人喔。（教導）

對於利他傾向的孩子，就算不指示也會讓步，這時就要讓他知道自己的需求也很珍貴。不要一味吹捧讓步是善良的行為，雖然看起來像是在照顧他人，但卻也是忽略自己。父母要好好觀察孩子是否只集中於在意他人、照顧他人。**我們不僅要親切待人，更要善待自己。學會對自己親切的方法，以及珍惜自己的態度，這都是需要練習的。**

> 👩 ・不是每次都一定要讓步。如果你眞的很想要，可以
> 　不要讓給別人。（分辨）
> ・所以在讓步之前，要先問問自己，是不是眞的讓出
> 　去也沒關係。（教導）

　　復原力也會依孩子天生性格而有所不同。天生個性積極的孩子可以說擁有復原力的基礎，遇到困難，比較容易從正面積極的態度來看事情，也比較勇於克服。

　　有些孩子只要父母給予一點積極的力量，馬上就能吸收，成為養成心靈肌肉的能量。當然也有孩子啓發得比較慢，父母給予大量的能量，結果只吸收了一點點。

　　天生積極的孩子確實很容易與父母形成積極的互動，而有的孩子特別敏感，在情緒上也比較容易感到不自在、愛挑剔，容易受情緒影響。面對這種孩子，父母必須多費些心力。復原力來自後天養成的心理資本，根據孩子不同的性格，父母也要有不同的方法。雖然天生積極的孩子比較容易培養復原力，但即使不是那麼積極的孩子，只要在成長環境中得到很多正向力量，一樣可以成長為內心強大的孩子。

育兒沒有固定公式，每個孩子都不一樣，根據孩子量身訂做的養育是最理想的。小小孩還不太清楚自己的脆弱點，父母應該先察覺到孩子的心理優勢和弱點，並以適當的方式幫助孩子運用。就像父母知道自己的脆弱點一樣，也要正視孩子的脆弱點。

不足的父母
不善表達情感的父母

　　我經常和孩子去動物園，因為他們很喜歡動物。前不久一個週末去了動物園，中午孩子說想吃排骨湯，吃完後還要吃冰淇淋。回家的路上又說想買寶可夢麵包，所以去了便利商店，但是那家便利商店並沒有寶可夢麵包，所以又去其他便利商店，結果全都沒有賣，不過可以預訂，於是便預訂好第二天去取貨。

　　雖然很想孩子們一起度過愉快的一天，但老實說，我一整天都要強忍著不生氣，其實很辛苦。我真正想去的地方不是動物園，而是安靜的咖啡廳；我想吃的不是排骨湯，而是

壽司。當然我也不是為了這些小事生氣，我知道孩子們在咖啡廳待不了多久，他們也不適合吃壽司。為了寶可夢麵包跑了好多家便利商店，結果還得預訂隔天拿，雖然再跑一趟很累，但是為了孩子我完全可以做到。

回想起來，我並不是從一開始就生氣，只是隨著孩子的要求從動物園延續到排骨湯、冰淇淋、寶可夢麵包，我心裡的不舒服逐漸升高。突然之間，有了這樣的想法：「你們為什麼要這樣對我？」

想想其實很奇怪，孩子們當然不是故意這樣對待我，也不是沒有禮貌，孩子向媽媽提出要求是理所當然的事，而且還是我先問他們想吃什麼、想去哪裡的。可是明知道這樣卻還是覺得不高興，這讓我自己也感到納悶。反過來想，如果孩子有想要的東西卻不告訴媽媽或隱瞞，我應該也會感到不舒服，會覺得「你為什麼不說呢？」

孩子提出要求讓我覺得不舒服，不提出來我也覺得不舒服，實在很矛盾，我的腦袋裡出現了許多問號，很混亂。為了找到矛盾感受的根源和理由，我不斷問自己：

「孩子不是故意那樣，也不是沒禮貌，我為什麼會覺得他們是故意的？」

「如果孩子不能向媽媽提出要求，那樣應該更不好吧。」

「我自己很難向別人提出要求。想想在孩子這個年紀時，我總是無法開口要求什麼。」

經過長時間的自我對話，我才知道，之所以對孩子的要求感到不舒服，不是因為孩子，而是因為我小時候缺乏用語言表達自己需要的經驗。

我小時候不太會要求別人，長大後對於向別人開口提出請求依然感到困難。因此，當聽到孩子們不斷要求時，就會將「媽媽到現在都很難開口向別人提出要求，為什麼你們這麼任性」的想法連接在一起，造成心裡的不舒服。

當我內心還有個長不大的孩子時，情感推論和意識溝通上就會產生誤會，認為向我要求東要求西的孩子，好像在故意亂來。

造成心裡不舒服的根源在於過去自己沒有解決、沒有彌補的遺憾。認清這一點之後，我接受了身為母親的自己在情感上的不足，就不再對孩子懷有不舒服的情緒，也開始嘗試提出要求。一直以來無法自然提出要求而產生的心理飢渴，就透過提出要求來滿足。

「孩子啊，今天媽媽想吃烏龍麵，而且烏龍麵店就在附

近，我們去那裡吃吧。」

「可以跟媽媽說聲『今天開車辛苦了』嗎？」

「幫媽媽搥搥腿、捏捏肩膀好嗎？」

孩子們很爽快地答應吃烏龍麵、對我說「辛苦了」、還幫我按摩。經歷過要求被接受的經驗後，對於向別人提出要求一直感到不自在的我，心裡也不再那麼彆扭了。

不僅是要求，累的時候就說累、需要幫助時就提出，這些我也在一點一點逐漸練習。當遇到類似情況時就不會再被情緒左右，可以更靈活、更有智慧地應對。

孩子依然會對我提出要求，要吃這個、要去那裡⋯⋯但現在我不會再覺得他們是故意找我麻煩，反而覺得很欣慰，我的孩子健康地成長了。現在我了解，如果累了，做不到也沒關係，因此可以更沒有壓力地照顧孩子。**了解過去未解決的經驗對現在的影響之後，就可以很容易地擺脫過去。**

父母自身缺乏的部分可以透過養育孩子來填補和處理。就像原本無法提出要求的我，在成為媽媽後，透過與孩子們的互動，反而比以前能更自在地提出要求。或許可以說，雖然是媽媽在照顧孩子，但實際上，孩子也在照顧媽媽。

✳

只有自己知道內心的不足

　　許多人的童年都抱著匱乏長大，然後成為了父母。每個人小時候或多或少都曾因為得不到適當的關心和幫助而感到挫折、未感受到被愛，因此有大大小小的缺乏。

　　但即使童年有一部分被壓抑或不足，長大後在人際關係和社會生活中，這類情緒也不常被激發，因此大部分人會隱藏、自我調節。但很奇妙的是，在有了孩子、養育孩子的過程中，這些被壓抑的情緒很容易不斷湧出。**雖說人會隨著年齡增長而成熟，但撫育孩子的過程中，心底埋藏許久的「沒有長大的我」會逐漸浮現，將情感上的脆弱點暴露無遺。**

　　小時候哭泣時沒有得到安慰，沒有人來幫助調節情緒，那麼當自己撫育孩子時，會格外無法忍受孩子哭。孩子一哭就覺得煩躁，因為哭聲會觸動自己內心深藏的傷口，明明知道應該先安撫和關心孩子，心裡湧出的聲音卻是先對哭泣的孩子說：「哭什麼？不准哭！」

　　如果小時候沒有得到溫暖的理解和被接納的感受，大人總是冷淡以對或漠不關心，那麼長大成人後，會對親切和共

嗚特別敏感，見不得別人對我的孩子冷淡。這看起來像是保護孩子免受傷害，但其實是保護父母自己內心的小孩。沒有得到溫暖和親切以待的孩子長大後，仍然渴望溫暖和親切。

如果對孩子的某種行為特別容易感到生氣，那就可能是父母自己內心所缺乏的一面。生氣的原因到底是眼前的孩子，還是內心深處那個無法長大的孩子留下的陰影，這個答案只有自己才知道。

＊

父母需要自我理解和客觀化

在育兒過程中，累積對自己的理解非常重要。我們需要客觀地觀察自己，需要一個自我反省的過程，不能只看現在，也要回顧影響現在的過去。審視自己的過去和現在，才能更深入了解自己。

如果發現自己對不親切、生硬的語氣特別敏感，當聽到別人這麼說時，心裡會立刻感到不舒服，那麼就可以在一定程度上自我控制；如果知道自己想要得到認同的欲望特別強烈，那麼當孩子不聽話時，就不會認為「孩子無視媽媽」，

而是很清楚知道自己不高興是因為「我想得到認同的欲望無法滿足，我應該更珍惜自己」。

停止「我為什麼會這樣」和「我不應該這樣做」的自我質疑，理解自己是因為什麼原因造成這樣，並決心「以後應該怎麼做」。**當我們充分了解自己時，就可以停止那些事後必然會後悔的反射性話語和行動，達到心理的成熟。**

每個人都有自我復原和成長的潛力。不僅是孩子，父母也一樣。**了解自己的不足和脆弱、過去和現在，並好好處理，那麼從現在就可以成為即使跌倒也會重新站起來，具備高度自尊和復原能力的父母。**

✳

不善表達情感的父母

《媽媽的話語練習》承蒙大家喜愛，收到許多讀者的迴響，真的非常感謝。從中我也了解到，許多父母其實不知道如何處理自己的情緒，在與孩子的關係中，容易生氣、陷入憂鬱、累積許多瑣碎的事導致情緒暴躁。

無法控制情緒，也不善於表達情感，就會經常使用指

責、比較和恫嚇、批評等否定話語，事後又感到後悔，這都是因為不善於調節情緒。**如果父母無法調節自己的情緒，就容易在孩子有負面情緒時被捲入，再用負面的話語回應孩子。**

六歲：從學校回來的孩子把書包丟在鞋櫃

🙂 把書包放回房間，把用過的餐盒拿出來。

😠 不要，好麻煩。

🙁 你不拿出來明天就直接帶去學校，用沒洗的髒餐盒吃飯。（譏諷）

🙁 你把書包丟在門口，弟弟等一下穿鞋的時候會踩到。（脅迫）

🙁 到時候不要怪弟弟，因為都是你自己不放好。（誘發罪惡感）

六歲：孩子玩了積木後不想整理

😠 我不想整理，媽媽幫我整理。

- 你不是答應要一起收拾玩具？為什麼不守信用還把工作推給媽媽？**（指責）**
- 你自己玩一玩弄亂了，就要我來收拾？**（質問）**
- 你不收拾，我就把積木都丟掉。**（脅迫）**
- 不准吵，快點收拾！**（命令）**

小學二年級：晚上才知道孩子忘了把通知單交給老師

通知單還放在書包裡啊！你怎麼記性那麼差？**（斥責）**

我忘記了嘛，明天再交就好啦，媽媽為什麼那麼生氣？

我當然氣！我能不生氣嗎？你這樣忘東忘西的已經是第幾次了？**（諷刺）**

小學三年級：和同學比較玩遊戲的時間

小天說他媽媽每天都讓他玩三十分鐘的遊戲，為什麼我就不行？

每個家庭都不一樣啊，你為什麼問題那麼多？**（負面的判斷）**

☹ 你這麼不開心就去他家住，去當他們家的兒子好了！

（誘發愧疚）

出發點雖然都是為了引導孩子走向正確的方向，但問題是表現的內容和方式都是負面的。冷嘲熱諷或強硬的語氣、單方面獨斷的說話方式。**因為在話裡包含了父母未經處理的情緒，表面上看起來是說話不恰當，但其實是不擅長處理「情緒」。**就算長大成人、上了年紀，很多人依然不知道如何適當表達情緒。如果小時候缺乏感受共鳴或安心自在表達心情的經驗，沒有被鼓勵表達情緒的經歷，那麼成為父母後，對於情緒的感受、調節、如何適當的表達……都會很生疏。

＊
父母得先調節自己的情緒

如果父母的情感不成熟，就很難引導孩子的心理成長。因為父母容易被負面情緒左右，很難傳達給孩子正向積極。

當孩子發脾氣時，如果父母也以發怒或指責來回應，孩子的內心就會充滿負面的情緒。

　　要想和孩子進行積極正向的互動，父母首先應該要能「調節自己的情緒」，不要被孩子的負面話語動搖，自己的心理要堅定。當父母能夠順利處理自己的負面情緒，就不會被孩子的負面話語蒙蔽，而可以給予積極的訊息。善於調節情緒的父母可以透過積極的相互作用，培養孩子的自尊和復原力。

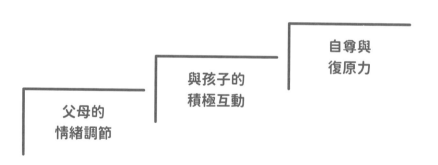

自尊與
復原力

與孩子的
積極互動

父母的
情緒調節

與自己

對話

　　培養調節情緒的能力，首先要了解情緒，就像天氣預報一樣。聽到天氣預報說今天會有陣雨，那麼出門就要帶傘，萬一遇到突如其來的雨也不會驚慌，只要拿出預先準備好的雨傘就可以了。但是如果出門不看天氣預報，就會因為意外的陣雨而亂了手腳，甚至淋溼。若我們不了解自己的情緒，就像突然遇到下雪、下雨時的慌亂，很容易被情緒籠罩和控制。

　　當然，天氣變化無法控制，情緒也是，即使了解自己在情感上哪個部分比較脆弱，也無法阻止產生不安、悲傷、生

氣的情緒。但就像看過天氣預報，我們可以先帶傘預防淋雨一樣，了解自己情感上脆弱的一面，當遇到時就不會任由情緒擺布，可以適當應對。

✳

了解情緒的人能掌握的兩件事

認識自己的情感，觀察自己在各種情況下的感受，了解為什麼會產生這樣的想法，這都是了解自我情緒非常重要的。了解情緒的人具有以下優點：

第一，善於捕捉情緒。越能識別情緒的人，就越懂得客觀看待情緒。因為能夠察覺到變化，才能適當以對。相反地，不了解自己情緒的人就很容易暴躁或發怒。如果對魚不了解，不管鯛魚、比目魚、黃魚或白帶魚，全都只會說是「魚」。如果父母不了解情緒，就很容易把陷入情緒中的感受全部視為「怒」，把失望、遺憾、鬱悶都以「怒」來概括。

第二，善於控制情緒。如果知道自己在什麼狀況下特別容易感到憂鬱、什麼情況下容易覺得不安，知道什麼狀況會觸發情緒，就可以適當調節控管。當然我們無法控制自己完

全不憂鬱、全然不會感到不安、怎麼樣都不會生氣，但可以在日常中調節，讓生活更自在。相反地，不了解自身情緒的父母，失望時會生氣、傷心時也會生氣。**因為不理解自己的情緒而常常在無意中對孩子發怒，事後回想也不明白自己為什麼那麼生氣，反覆自責與後悔，但下回遇到類似的情況，又會無意識地發怒，形成惡性循環。**

✳

想察覺自己的情緒，就要練習與自己對話

自我情緒的察覺需要練習。在某種情況下感到不舒服的時候，就與自己對話，審視自己的內心。不要將尖銳的情緒傾注到孩子身上，應該暫時停下冷靜問問自己：

「這是什麼情緒？」

「為什麼會覺得心情不好？」

「為什麼這種情況會讓我覺得不舒服？」

「為什麼我會因為那句話突然覺得受傷？」

想要成為善於調節情緒的父母，**當陷入情緒的瞬間，就必須有意識地努力捕捉情緒。當被情緒波濤包圍時，不妨後**

退一步客觀地看待自己，看清楚這是什麼感受，所為何來。
我們必須經歷尋找情感口袋裡的不快、失望、後悔等豐富多
樣的感受，才能釐清觸發癥結是什麼。

在尋找這些問題的答案時，會逐漸捕捉到自己的情緒，
理解感受。與自己對話的過程中，可以慢慢看清我在什麼情
況下比較脆弱、壓垮我的情緒是什麼、我對於哪種情緒特別
敏感。了解情感的實體，適當應對之際，也可以掌握對感受
的控制權。

「看到孩子亂丟東西，火氣一下子就上來了。」

「當孩子拖拖拉拉，該做的事不做，就會特別生氣。」

「我常把孩子冷淡的回話當作是對我的不滿與不敬。」

「要我不說話也可以，但是什麼都不說，硬把不高興的
心情壓下，自己也會內傷啊。」

實行不倒翁育兒的父母，要從認識自己開始。理解自己
的傾向和喜好、優點和弱點、過去和現在的影響。特別是了
解自我情緒，要知道什麼情緒可以忍受、什麼不能忍受；什
麼情況下感到舒適、什麼情況下覺得不舒服，還有妨礙自己
理解內心感受的是什麼，這些都需要不斷觀察和探索。

人的情感豐富多彩，從悲傷、憤怒、恐懼到幸福、喜悅

等，若能自我察覺到在情感上容易衝動的部分，生活上就能產生好的變化。捕捉自己的感受，才能知道為什麼會有這種心情，也就不會突然生氣、憂鬱。唯有知道自己情感上的弱點，才能撫慰自己的心，也才能夠安撫孩子的心靈。當父母了解自己的感受，能調節自己的情緒，就能與孩子產生積極正面的互動。

✳

問問身為父母的我

小學三年級：新學期開始，媽媽對孩子的學校生活很好奇，特別是孩子的交友關係，因此提出疑問：

- ·你跟坐在前、後、左、右的同學都說過話了嗎？
- ·那個同學叫什麼名字？住在哪裡？
- ·在學校有沒有比較常一起玩的同學？
- ·下課時都跟誰在一起？
- ·放學和誰一起回家的？

啊～我不知道啦。

因為好奇，所以一口氣問了很多問題，但孩子的回答讓媽媽感到很悶，「你怎麼不說呢？」「告訴媽媽啊。」因為得不到想聽的答案，媽媽更好奇了。**父母若只專注於消除自己的好奇心，那麼提問就會不知不覺成了追問，這樣不是對話，而是審問。**聽在孩子耳裡難免會產生不舒服的情緒，當然也就不想回答或敷衍了事。因此父母要先知道自己為什麼好奇，知道自己內心的想法。先問問自己。

我為什麼問孩子那麼多關於他同學的事呢？

　　因為孩子性格內向，平時不愛說話，真的讓人很悶。所以格外注意他與同齡孩子的關係，希望能給予幫助。孩子在人際關係上好像不是很擅長，我對他自己處理的事都沒什麼信心。

孩子為什麼會說「不知道」？

　　聽到媽媽連那麼小的事情也想知道，想必讓孩子覺得很有壓力吧。雖然我是關心也是好奇，但是站在孩子的立場上，可能會覺得是干涉和嘮叨，所以才會想迴避，隨便用沒有誠意的回答敷衍我。

我真正想說的話是什麼？

其實我只希望孩子和朋友可以開開心心玩在一起。老實說，一直以來孩子和同學朋友其實相處得還不錯，也沒有太大的問題，但我好像還是會莫名地感到不安，無法相信孩子。

「要孩子回答為什麼那麼難？」

「為什麼孩子那麼明顯的迴避，我還是非要追問呢？」

與自己對話，可以客觀地看見自己，也能看見孩子，也因此可以發現，媽媽提問的意圖和本質並不全然是好奇，而是不安。

最後提問成了追究，不是因為孩子沒有回答，而是因為媽媽沒能處理自己對孩子交友關係的不安。如果發現自己對孩子的某個部分感到很不安，與其追問，不如多說一些信任和鼓勵的話。

- 如果你一直都跟同學相處得很好，相信新學年也會一樣。（給予信心）
- 和同學好好相處，做好朋友吧。（鼓勵）
- 媽媽相信你，會為你加油。（支持）

很多時候，身為父母的我們其實心裡已有各種問題的答案，所以要先與自己對話。父母自我了解，與自我變得親近，與自我好好相處，才能和孩子好好相處。

第 3 章

不倒翁育兒是
正向積極的育兒

正向看待
孩子

　　我是一名小學教師，大部分擔任高年級班導師，或許是因為這個原因，當我第一次被派任為一年級導師時吃了不少苦頭，我想起兩個寶貴的經驗。

　　第一個是發生在聽寫考試的時候。幾年前，學校裡聽寫考試還很普遍，我事先分發聽寫考試範圍資料給學生，讓他們練習了很多次，還當作回家作業練習，但是考試當天仍讓我驚訝不已，因為作弊的孩子太多了。從偷看隔壁同學的試卷，到明目張膽拿出之前發的資料出來抄的也有，而且不只一兩個孩子。

「不可以看資料，把資料都收進抽屜裡。」

我說完，有些孩子趕緊收起來，有的孩子卻充耳不聞，甚至還有學生對我說：「老師，我把資料放桌上，但是不會偷看，可以嗎？」讓我當場不知該如何是好，是該嚴厲訓斥？還是循循善誘？後來只好請教前輩，擔任一年級導師已有十年資歷的隔壁班老師告訴我：「那樣的孩子還是很努力啊，比起隨便亂寫或者乾脆不寫，抄襲也是一種學習。不過既然是考試，還是應該告訴大家不能抄。下次考試前，妳就提前把資料都收起來，或是叫孩子們放進書包，把書包拉鍊拉起來。」

前輩老師把孩子作弊看作是另一種努力，找到孩子問題行動之外積極的一面。但那畢竟不是正確的行為，他的做法並非當場訓斥作弊的孩子，而是了解狀況後進行改變，讓孩子無法再重蹈覆轍。

第二個是我發現，說明同一件事的次數變多了。以前擔任六年級導師時，有些孩子理解力強，有些比較弱一點，但一件事大概最多說三次就可以了。但是到了一年級，就算反覆說明也無法確定孩子是否都懂了，甚至有些孩子感覺從頭到尾根本沒在聽老師講話，有點對牛彈琴的感受，於是我又

去找前輩老師諮詢。

「○○老師，在向孩子們說明的時候，通常要重複幾次？要說幾次孩子才會聽得懂呢？」

「這還用問，別管幾次，反正一年級就是要無限重複。」

這句話讓我頓時理解了，我的心態其實仍停留在六年級。從六年級到一年級，我很難適應學生的差距。「六年級說三次就懂了，為什麼現在這些孩子說了那麼多次還是聽不懂？」這種想法導致我產生「他們為什麼會這樣」的負面判斷。

不過幸好有前輩明智的建議，讓我得到寶貴的領悟。不是要改變孩子，而是要改變我看待孩子的角度，不要被孩子引起的問題束縛，要以積極正向的眼光看待孩子本身。

✳

用積極正向的眼光看待孩子

雖然腦袋裡知道要用積極的眼光看待孩子，但一旦遇到狀況，不免還是會先湧出負面的反應。

・要說幾遍你才聽得懂？（指責）

・你到底是怎樣？（駁斥）

・為什麼要這麼做？（質問）

・我說的話你聽不懂嗎？（斥責）

　　這些話語隱藏著「你是問題」、「你必須改變」等負面訊息。負面的話語無法產生改變，反而會離孩子越來越遠。把負面的話語拋給已有負面情緒的孩子，這是在重複進行消極的相互作用。

　　如果以否定的態度看孩子，就會說出否定的話。一直暴露在父母的否定中，孩子會像洩了氣的皮球一樣癱軟無力，打不起精神來。因為內心沒有力量，即使知道錯誤也無法改正，只會停留在原地。

　　不倒翁育兒就是要教父母積極正向地看待孩子。不管孩子做得好不好、有沒有失誤，都要相信孩子、肯定孩子。充滿正向積極氣息的皮球就會產生彈跳的力量。

　　有禮貌、聽話、謙讓的孩子不只父母喜歡，任何大人看了都會疼愛。但是對稍微不是那麼完美、粗心大意、沒那麼

聽話的孩子，仍能給予信任和愛，這一點如果不是身為父母就無法做到。

　　孩子不會總是那麼不守規矩和笨拙，如果父母能持續以肯定的眼光看待孩子，久而久之孩子一定會改變。如果父母總是很積極，孩子也會受到影響與鼓勵，越來越積極。

✳

不倒翁育兒是積極的育兒

　　自尊是看待自己的積極情緒和感覺。即使在不順心的艱難狀況下，也會對自己說「沒關係」、「我可以做到」、「這次雖然做不好，但下次還有機會」等積極的話語。父母總是以肯定的目光看待，那麼孩子也會感受到，也會以積極肯定的目光看待自己。父母對孩子所說的肯定的話語，是孩子建立自尊和復原力的基礎。

　　不倒翁育兒是積極的育兒，將孩子的不足視為「過程」而不是「問題」的父母，才能培養孩子的自尊和復原力，這也就是為什麼比起集中於消極的現在，我更強調應該展望積極的未來。

對於正在成長的孩子來說，需要修正的部分並沒有那麼多。當然，如果是危險或傷害別人的事就應該教導並糾正，但是在行為上一些稍微不足和不成熟，父母只要給予信任並等待就好。**應該修正的不是孩子某部分暫時的不足，而是父母對孩子缺乏肯定和信任的視線。**

尋找負面言行背後
隱藏的眞心

　　家有就讀小學的孩子，養成學習習慣是重要課題之一。有聽話的孩子，當然就有抗拒學習的孩子，我兒子就是這樣。只要一坐在書桌前，就會開始抱怨討厭數學、數學到底是誰發明的、為什麼要解數學問題，吵著要去玩、嚷嚷不要學數學等毫無意義的話。

　　不喜歡還是得做，勉強寫了一張試卷，結果錯誤一大堆。我叨叨念念，孩子也嘟嘟嚷嚷。為了訂正，要他用橡皮擦擦掉重算，結果孩子心不甘情不願把試卷紙都擦破了。看到這樣，我的心情也跟著煩躁起來。「是怎樣？就那麼不想

寫嗎？」我對孩子很失望，心裡想著要忍。好不容易吞下怒
火，負面的話卻脫口而出：

> 😟 不想寫是嗎？看你一直嘆氣還把試卷擦破，媽媽心裡
> 也覺得很難受。好吧，你實在不喜歡就不用勉強，不
> 想寫就算了，不用寫了。
>
> 😟 媽媽，我不是真的討厭……是因為太難了。

　　聽到孩子這麼說，我頓時醒悟，這才是孩子的真心話。
「勉為其難做著不想做的功課」，這並不是孩子的真心，是
我以父母的標準所做的否定判斷。我誤會孩子了，當我發現
他是因為太難而失去解題的意願時，我的憤怒瞬間像雪一樣
融化，忍不住擁抱孩子。

> 😊 ・原來你覺得很難啊，這的確很有可能。（共鳴）
> ・原來你不是討厭數學，而是因為太難才不想寫啊。

（理解）

· 那就不應該放棄，要繼續練習，就算現在覺得很
難，只要堅持下去，總有一天會發現沒那麼難了。

（教導）

· 加油，我們再試一次吧。（鼓勵）

相信不只是我，許多父母在養育孩子的過程中，每天都
像在寫小說一樣，有各種故事。**很多時候我們不會直接詢問
孩子，而是以自己的立場猜測孩子的意圖，以父母的標準來
推測，當然會有正確的時候，但錯誤的狀況也不少。**常常故
事越寫越狗血，最終走向崩潰，意料之外的誤會越來越大，
長久累積，在沒有解決的情況下，孩子只會離我們越來越遠。

要與孩子積極互動，就得先理解孩子的心，才能預防溝
通誤會。**必須試著了解孩子隱藏的意圖，觀察孩子不滿的表
情和煩躁話語背後，隱藏著什麼想法和情緒。如果觀察過後
還是不明白，那就直接問問孩子吧。**就算是自己生的孩子，
老實說也有我不了解的地方。孩子的心，父母越好奇就顯露
越多，越是用心觀察就能看到越多。

積極地看待

身爲父母的自己

小學二年級：孩子考試時沒有好好看清題目，結果接連答錯好幾題

 ・你看看，媽媽之前不是說過了嗎？**（負面的預測）**

・我有沒有叫你要仔細看清楚題目？**（斥責）**

・怎麼會考這種成績？**（誘發罪惡感）**

　　想到如果孩子好好聽我的話，一定可以得到更好的成績，不免覺得可惜，但這樣的想法對孩子沒有幫助，只會給

那些因為失誤而畏縮的孩子增加罪惡感。考不好已經很不開心了，還要處理來自父母的負面情緒，孩子會感到更痛苦。

看到孩子發生不該出現的失誤時，雖然知道應該站在他的立場給予安慰，但往往都是嘴比心快，「你看看，媽媽之前不是說過了嗎？」遇到這種狀況，父母應該先自我檢視一下，自己在犯錯時是如何對待自己。

- 到底為什麼會這樣？（自我批評）
- 我應該再小心一點，再細心一點，我真是糟糕。（自責）
- 怎麼會連這點小事都做不好？（自責）
- 我為什麼會這樣？我就只能做到這種程度嗎？我連當媽的資格都沒有。（自我詆毀）

我們對孩子的言行其實與對自己的態度沒有太大區別，會責怪孩子失誤的父母，當自己失誤時也同樣會責怪自己。嚴格對待自己的父母，對孩子犯錯時也不會寬容。我們在失誤時對自己說的話，會原封不動地呈現在處理孩子失誤的狀

況中。

　不倒翁育兒的父母必須積極正向，對於會犯錯的自己、不夠完美的自己，請告訴自己沒關係，就算做不好也不要對自己太苛刻。攻擊和指責就像自己犯的愚蠢行為一樣是愚蠢的態度，因為這只會阻礙改善行動的可能性和空間。

 ・也可能會有失誤啊。（**認同**）

　　　・誰都會失誤，這才是正常的。（**自我安慰**）

　　　・沒關係，以後不要再犯同樣的錯誤就好。（**自我鼓勵**）

　當我們對自己慈悲，那麼對孩子也會寬容。當我們能寬恕自己的失誤，才能包容孩子。能夠原諒孩子的失誤並不予追究的心，來自於對待自己的態度，所以要積極改變對自己的否定認知和批判性的想法。

> **小學二年級：孩子考試時沒有好好看清題目，結果接連答錯好幾題**
>
> 😊 ・不可能一開始就做得很好，因為還不熟練啊。（正面理解）
>
> ・誰都可能會失誤。（安慰）
>
> ・沒關係。（鼓勵）
>
> ・下次記得要先冷靜下來看清楚問題，這回也算學到經驗，這些都是學習的過程。（正面的解釋）

　　如果對孩子難過的心情產生共鳴，給予「失誤是學習的過程」這種正面解釋和鼓勵，就可以減輕孩子要處理負面情緒的負擔，心情能夠迅速恢復，日後就算跌倒也能很快就站起來。

　　我們對待自己的方式就是對待孩子的方式，因此首先要肯定自己，如果我們能寬容地看待自己，自然也會對孩子寬容。

以積極肯定的態度
自我對話

　　說到「對話」，你會想到什麼呢？大部分人首先想到的應該是兩個以上的人面對面說話的樣子，但其實對話有兩種類型，除了一般「與他人的對話」，另外一種就是「與自己的對話」（自我對話）。

　　對於和自己對話感到陌生嗎？其實我們每天都在和自己對話，比如深夜肚子餓想吃泡麵時，會想「明天早上起來可能會後悔，還是忍一忍吧。」或是在重要考試前感到緊張的時候，在心裡對自己說：「我可以做到，我會做得很好。」但是自我對話通常不會說出口，只是心裡的自言自語，所以

一般人不覺得是對話。

　　自我對話非常重要，因為這將影響一個人的思考方式和信念體系。消極的自我對話模式，會在面對人生大大小小難關時，做出「怎麼辦才好？」「為什麼這種事都只發生在我身上？」這類悲觀的反應。相反地，積極主動的人在遇到同樣的難關時，會對自己說：「沒關係。」「這是任何人都會經歷的事。」「雖然現在很辛苦，但我會學到新東西。」「我可以做到。」「加油！」給予自己正面的反應。也就是說，我們用什麼態度自我對話，對生活中發生的事件和情況的解釋也會不同。

　　和孩子的關係也一樣，積極性自我對話的父母，對孩子也會採取正面的態度；相反地，總是對自己說些消極的話的父母，也很容易否定孩子，給予孩子消極的反應。以下來看個具體的事例。

六歲：一大早，孩子趕著上學、媽媽趕著上班的忙碌狀況

😷 媽媽，我不要吃麥片，我要吃熱狗。

🙂 熱狗？好吧，等一下喔。（把冷凍櫃裡的熱狗拿出

來，放進微波爐。）

嗚嗚～

　　媽媽在百忙之中為了滿足孩子的要求，正準備著孩子想吃的早餐，但孩子卻突然哭了起來。在這種情況下，媽媽如何自我對話，會讓早晨的氛圍完全不同。

以否定態度自我對話的父母

媽媽內心的自我對話

- 不是說想吃熱狗嗎？怎麼突然哭了？
- 又開始了。一有什麼不開心就哭，總是耍賴。
- 每天早上都這樣實在很累，這孩子就不能讓我有一天可以稍微輕鬆一點嗎？
- 不管多忙，只要是孩子的要求我都盡量做到，他卻老是哭鬧，真是太過分了。

> ・越想越生氣！

↓

> ・你爲什麼哭？（催促）
> ・不是你自己說想吃熱狗的嗎？所以我拿出來加熱啊，這有什麼好哭的？（消極判斷）
> ・每天早上都這樣，你就不能有一天是安靜的嗎？（放大負面）
> ・不想吃就不要吃了。（斥責）

　　如果內心進行著消極的自我對話，那麼當孩子哭了，驚慌的情緒馬上會蔓延成怒火，最後爆發出來，對孩子說出憤怒和煩躁的話。但是我們不知道孩子的真實想法，所以這時父母自行判定和指責孩子的行為並不好。

　　被誤會的孩子眼淚不止，對不懂自己心情的媽媽感到難過，而媽媽也對不懂父母用心良苦的孩子感到難過。送孩子去幼兒園的車上瀰漫著尷尬、寂靜、冰冷的氛圍，媽媽不由

自主地喃喃自語:「每天早上都這樣真的很煩,面對老是哭鬧的孩子真的很累。」

✳

以肯定態度自我對話的父母

　　以肯定態度自我對話的家長不會輕易判斷或揣測孩子的意圖,對於孩子突然哭泣當然也會感到驚慌,但不會把這種情緒以負面的方式放大。**在不清楚真正理由的情況下,會直接向孩子確認。一旦知道孩子為什麼哭,就不會不知所措了。**

媽媽內心的自我對話

 ・因為他說想吃熱狗所以拿出來加熱,那他為什麼還要哭呢?

　・是因為突然不想吃了?還是因為沒睡好?

　・越想越不明白,還是問一問吧。

↓

> 👩 ・你不是說想吃熱狗嗎？所以媽媽才拿出來加熱，你
> 怎麼突然哭了呢？媽媽不知道該怎麼辦耶。（**說出
> 自己的感受**）
>
> ・我很想知道是怎麼回事，可以告訴我嗎？（**提問**）
>
> 👦 因為我怕會很燙沒辦法吃，那樣我就會吃得很慢⋯⋯
>
> 👩 ・原來如此。因為還要趕著上學，所以時間可能不夠，
> 擔心太燙沒辦法很快吃完是吧。（**理解孩子的感受**）
>
> ・別擔心，媽媽會幫你吹涼，如果還是覺得太燙沒辦
> 法吃，那我們就帶到車上吃吧。（**提出解決方法**）

　　只要發現媽媽理解自己的心情，孩子馬上就會停止哭泣。而且不只理解自己，還幫忙找到合適的解決方法，因而產生安全感。而媽媽也能了解到，自己一早因為時間緊迫而焦急的心情，其實也感染給孩子了，所以孩子才會因為擔心早餐沒辦法盡快吃完而哭泣。彼此理解後，看到孩子停止了哭泣，媽媽默默告訴自己：「以後在尚未弄清楚原因前，先

不要猜測，應該直接問孩子。早上趕來趕去，本來想算了，幸好還是問了。」

習慣了積極自我對話的父母，也會以正面態度解釋孩子的行為和反應；相反地，習慣消極自我對話的父母，對同樣的行為自然會以負面的態度解釋。對孩子的一點動作或語氣進行負面解釋，表現出的反應也會變得比較刻薄。在孩子哭泣的瞬間，父母心裡冒出消極的自我對話，讓情緒變得憤怒和煩躁。

憤怒、煩躁、失望等負面情緒並非都是外在造成的，有時候自我對情況的解釋和應對也是原因之一。換句話說，憤怒和失望可能是和自己進行消極自我對話的結果，而不是孩子突然的哭泣所造成的。負面情緒的產生不一定是情況造成，也可能是自我的負面信念和悲觀解釋導致的結果。因為在同樣的情況下，如果父母以積極的態度解釋和反應，就不會發怒了。不倒翁育兒強調與孩子積極互動，因此父母在自我對話時也要用積極正面的心態。

再舉一個例子。晚飯時間，七歲的孩子說肚子很飽，卻還剩下很多沒吃完。孩子的身材本來就比較矮小，看他連一

半都吃不完，父母心裡會有什麼想法？以下來看看不同心態
的自我對話會有什麼樣的互動。

✳

消極自我對話帶來的消極互動

擔心的父母：「等一下一定會喊肚子餓。」

> 現在不吃，待會兒要睡覺的時候一定會餓。如果半夜
> 餓醒了怎麼辦？到時候又叫我弄東西給他吃？很煩
> 耶，我也想休息，想好好睡一覺啊。小孩子要吃飽才
> 能睡得好，就算他說不想吃也要叫他吃完。

↓

>
> ・沒剩多少了，全都吃完。（**強迫**）
> ・現在不吃，等等睡覺時會肚子餓。如果半夜肚子餓
> 　得醒過來，要媽媽弄東西給你吃，那媽媽會很累。
> 　（**牢騷**）

・我把廚房都清理好了，你現在不吃就沒得吃了。**（威脅）**

不安的父母：「這孩子一定是因為不吃飯才長不高。」

 每天都不好好吃飯，所以個子才長不高。這麼矮小，在同年齡的小孩中間要是遇到個頭比較高大的，會不會被欺負啊？都是因為一直不吃飯，胃也變小了，才會吃得越來越少。

 ・沒有很多，全都要吃完才行。 **（強迫）**

・你就是都不吃飯，個子才長不高，在幼稚園裡你也是最矮的。 **（比較）**

・以後上小學，會遇到很多長得比你高大的同學喔！ **（警告）**

・要吃飯才會長高，不要只含在嘴裡，快點咬一咬吞下去！ **（命令）**

積極自我對話帶來的積極互動

理解的父母：「他可能真的不餓。」

> 😊 今天可能在學校已經吃很多了吧，所以現在還不餓。
> 如果硬逼他心不甘情不願也吃不了多少，還是不要破
> 壞心情吧。

> 😊 ・還剩很多呢。今天在學校是不是吃了很多？所以現
> 　　在才覺得還不餓吧？（同感）
> 　・不過媽媽是為了你用心煮了晚餐，剩那麼多，媽媽
> 　　有點難過耶。（說明自己的立場）
> 　・要不要再吃一點呢？（建議）

信任孩子的父母：「孩子自然會好好吃飯，好好長大的。」

🙂 看到他比同年齡的孩子矮又瘦，確實很擔心，可是擔心也不會讓他長高。看看他現在吃的食物種類比以前多，量也慢慢增加，以後一定會變得更好，會好好吃飯好好長大的。

🙂 ・還剩很多呢，不過今天也吃得比以前多。這樣很好，成長期多吃一點才會長高喔。（**肯定**）

　・多吃點才會長得比較快喔，要不要再吃一點呢？（**建議**）

消極的自我對話，常常是人際關係出現誤會的源頭，但我們很難察覺，因為自我對話不會表現出來，所以沒有切身的感覺。以致於不斷製造負面想法卻不自知，也沒有發現很多時候與自己的對話都是否定的。於是在生活中誤解了孩子

的心情、說出傷害孩子的話時，也很難察覺原來是受到自己
消極的自我對話影響而造成的。

　　從現在起，當心中要開始進行消極的自我對話時，趕快
告訴自我：「停！」不要凡事都責怪自己，你應該對自己說：
「沒關係！」一旦父母拋棄消極的自我對話，改以積極正面
的態度對自己說話，自然就可以正向面對養育孩子時遇到的
各種困難，並樂觀應對。所以我們要用心檢視自己用什麼態
度與自己說話，用什麼角度看待孩子，努力養成積極正面思
考的習慣。

培養孩子自尊和復原力的積極對話基礎，就在於父母本身是否有積極自我對話的習慣。如果我在面對自己時都能用肯定的話語，那麼在面對孩子時，就算遇到不如人意的狀況也能正面以對。

第二部

不倒翁育兒，父母的共鳴和教導很重要

第 1 章

不倒翁育兒，父母的共鳴很重要

共鳴是「情感的乒乓球」

共鳴是創造父母和孩子之間感情連結的資源，也是成為好父母的必要素質。如果孩子的情緒不被父母接受或被拒絕，心理就會萎縮。能夠從父母那裡得到溫暖和真心共鳴的孩子，即使在外面受到冷漠的對待，也不容易受到傷害。為了培養孩子的自尊和復原力，父母應該接納並認同孩子的情緒。要讓孩子能夠安心、自在地向父母吐露自己的心聲。

另外，如何向孩子表達父母的心意也很重要。如果父母只是一味壓抑自己的情緒，單方面認同孩子的感受，很快就會感到疲憊。若是習慣了不表露感情，忽略自己的感受，

那麼忍耐就會變成理所當然的事。父母無視自己的情緒，只是優先接收來自孩子的情緒能量，久而久之自己的情感資源會逐漸枯竭，對情感的敏銳度會變得遲鈍，就很難與孩子進行真誠的共鳴對話。父母的情感表達，就和理解孩子一樣重要。

不倒翁育兒所提倡的共鳴方法，用一句話來形容就像是「情感的乒乓球」。讀懂孩子的情緒，把父母的感受告訴孩子，彼此互相交換情感。以下就來詳細說明。

讀懂孩子的
情緒

    玩具已經很多了,卻還是吵著要買新玩具;食物明明已經涼了,卻還是喊著好燙不肯吃;已經約定好的事卻不好好遵守,這些時候,父母都會感到很煩躁。「不要再吵著買玩具了!」「一點都不燙,為什麼不吃?」「這有什麼好哭的?」給予否定、拒絕和禁止的回應。

六歲:孩子纏著要買廣告上出現的玩具

😟 又要買玩具,家裡到處都是你的玩具,不要再買了!

> （指責）

> 七歲：食物明明已經涼了，但孩子吃一口就吐出來
>
> 哪裡燙了？這一點都不燙。（否定感受）

> 小學一年級：說好打電動三十分鐘，但時間到了孩子仍
> 吵著要繼續玩，於是媽媽強行關機，孩子哭鬧
>
> 你哭什麼？這有什麼好哭的？就是因為你這樣吵，媽
> 媽才不讓你打電動。（斥責）

✳

無法讀懂孩子感受的父母造成的影響

如果父母不能理解孩子的感受，對孩子會有什麼影響呢？

第一，孩子會學習壓抑情緒。如果常感受到感情的負面
回饋，孩子就會畏懼表達心裡的感受，變得不想表露真心，

因為害怕說出來會接收到負面反應，所以乾脆隱藏起來更安全。**如果孩子的感受得不到認同，就無法進一步學習認識自己的情緒、學習如何調節情緒，只會一再壓抑。**

第二，會懷疑自己的感受。「我可以哭嗎？」「我可以生氣嗎？」「我覺得這件事很難，這是對的嗎？」像這樣，孩子會對自己沒有信心，一再懷疑自己的感受，久而久之會變得不相信自己，自尊和復原力也會變弱。

不管是否接受孩子當下的行為，都要先接受孩子的感受，可以點點頭對他說：「原來你內心是這種感受啊。」

六歲：孩子纏著要買廣告上出現的玩具

 ・原來你想要那個玩具啊，我知道了。**（理解感受）**

・可是家裡已經有類似的玩具，只是你很久沒玩了，不如先玩那個吧。**（控制行為）**

七歲：食物明明已經涼了，但孩子吃一口就吐出來

 燙嗎？還是覺得很燙？那我再幫你吹涼。**（理解感受）**

> **小學一年級：說好打電動三十分鐘，但時間到了孩子仍吵著要繼續玩，於是媽媽強行關機，孩子哭鬧**
>
> 😊 還想繼續玩，可是不能玩了，覺得很傷心所以哭了對嗎？那就先等你哭完了，我們再討論吧。**（理解感受）**

　　孩子還不太清楚自己的感受，雖然有感覺，但不知道那是什麼樣的感覺，所以孩子的身邊應該要有能像鏡子般映照出感受和心情的人。如果父母陪在身邊，理解孩子自己無法察覺的感受，那他們也會慢慢學會如何理解自己的情緒。

　　就像吃東西講求營養均衡，情感也要均衡。人不會只有積極的情緒，一定也會有必須面對消極情緒的時候。當有機會面對時，孩子就能感受、了解那些情緒，並學習掌握的方法。父母的理解和引導，可以幫助孩子學習和管理情緒。

否定情緒的話	認同情緒的話
・哪裡燙了？一點都不燙。 ・怎麼會痛？你不要裝模作樣了。 ・不要再吵著要買玩具。 ・這有什麼好生氣的？ ・不准哭！ ・不念書成天就只知道玩。	・燙嗎？還是覺得很燙？那我再幫你吹涼。 ・很痛嗎？要不要幫你貼 OK 繃？ ・你很想要那個玩具啊？ ・你一定很生氣吧？ ・沒關係，你先哭完再跟我說。 ・有時候可能也會不想看書啊？我可以理解。

理解孩子感受的訣竅

理解感受後回應的句子大部分都以「～啊」或「～吧」收尾，所以有人可能會認為只要在句尾加上感歎詞「啊」或「吧」，就代表理解對方。但不是那樣的，不能只用「啊」或「吧」來回應孩子的感受，以下舉個例子。

女兒小學四年級時接受眼科檢查，發現視力大幅下降。一年前視力還有 1.0，一年後突然下降到 0.3 和 0.1，已經到了必須戴眼鏡的地步。我想起孩子在家常常看 YouTube 影片和打電動，那年正是新冠疫情爆發的第一年。看著被眼鏡遮住的孩子的眼睛，我的心情很複雜，回家的路上在車裡一直嘆氣，一旁的丈夫看了對我說：「看到女兒戴上近視眼鏡是不是很難過？沒關係，長大後再做雷射手術就好。」

我知道丈夫是想安慰我，但我一點都沒有得到安慰。丈夫的話沒能讓我心情好轉，這是為什麼呢？

仔細想想，我的心裡不好受並不只是因為孩子戴上了眼鏡，還有很大的罪惡感，因為在新冠疫情期間，我讓時常感到無聊的孩子玩手機，並允許他們長時間看 YouTube、玩電動。

「我是對女兒近視戴眼鏡感到很傷心，但更難過的是我覺得這是我的錯，我覺得很內疚。我已經申請了育兒假，整天和孩子們在一起，卻還允許她經常看手機影片、玩電動，導致她視力惡化。我應該早一點注意到才對啊。」我對丈夫說。

「不是的，孩子視力變差不是妳的錯，這很有可能是遺傳啊，因為我們兩個視力都不好。老婆，我知道妳已經很用心照顧孩子了，這不是妳的錯。」

「這不是妳的錯。」這句話終於讓我得到安慰，卸下心裡的包袱。

看起來很傷心，但其實真正的情緒是「罪惡感」。因為人通常都會有好幾種不同情緒交織在一起，所以無法捕捉到真正的情緒。如果不能捕捉到正確的情緒，理解那些感受所為何來，就無法與對方有共鳴、給對方安慰。大人可以像「我感到很傷心，但更多的是罪惡感」這樣說出自己的感受，但孩子沒辦法。

如果不能解讀出孩子真正的情緒，那麼無論父母再怎麼努力去理解，孩子都不會得到共鳴，會覺得「爸媽都不懂我的心」。只有父母正確掌握孩子的感受，孩子才能感受到共

鳴、理解和關心。

✳

理解孩子感受的四種方法

要理解情感沒有想像中那麼容易，為了能正確理解，一定要記住以下四個方法並確實實踐。

一、傾聽

要想了解孩子是什麼感受，首先必須傾聽孩子的話語，而且不能只聽一半，一定要完整地聽完。

這本書裡收錄了許多孩子和父母的對話情境，在各種情境中，父母對孩子說的話占了很大的比重，但實際上，我和孩子對話時並不會說這麼多話。因為在書中希望更清楚呈現具體的方法，因此提高父母說話的比重，但在實際生活對話中，更多時候是我傾聽孩子說話，隨著孩子的成長，傾聽的時間也會越來越長。

孩子和我關心的事情不一樣，孩子不會只說些有目的的話，大部分時候可能都是些天馬行空，大人覺得毫無意義的

內容。有無聊到讓人想打哈欠的故事，也有幼稚無厘頭的笑話。有時會說些前後矛盾的話，也會出現違背常理的錯誤觀念，我聽到時也會很想打斷，予以糾正或反駁，但還是會忍下來聽到最後。充分聽取孩子想表達的話，之後再進行糾正或反駁也不遲。傾聽，需要父母的忍耐。

特別是進入青春期的女兒，當她表明想知道媽媽的想法或需要我的智慧時，我會提出建議。但其他時候大多是靜靜聽著，偶爾點頭回應。有時聽著聽著，孩子也會提出想聽聽媽媽意見的要求。不過大多數時候，都是孩子有話想說才會找我。

父母要讓自己成為孩子能夠自在、暢快說出想法的對象，讓孩子有表達的機會是非常重要的。孩子從關注自己、傾聽自己說話的人身上可以體驗到尊重。「原來有人這麼重視我。」會領悟到自己的價值和珍貴。另外，經常表達自己想法的孩子，在說話的過程中，想法會越來越明確，甚至最後可以靠自己找到解決問題的對策。

請記住，傾聽是理解孩子感受的必經之路，也是培養復原力和自尊的基礎。

二、原原本本地接受

在理解孩子的感受時，要注意不要加入父母個人主觀的判斷。許多父母會不由自主以自己的標準判斷孩子的感受，放大或縮小孩子的情緒。

聽寫考試錯了一題，孩子覺得好可惜，這時如果父母說「九十分也很好了，你很棒」會怎麼樣呢？對摔倒後痛得哭出來的孩子說「沒關係，只是絆倒了一下而已」呢？這二句話都是以父母的標準來縮小孩子的感受。其實父母要做的只是接受孩子原原本本的情緒，可以說：「本來可以拿滿分的，好可惜喔。」「摔倒了，一定很痛吧。」

要能原原本本地接受孩子的情緒，父母就必須做出正確的情感推論，因此觀察非語言信息就非常重要。

三、查看非語言信息

小學四年級：孩子到了睡覺時間還在玩，不肯去睡覺

😠 都幾點了？你還在摸什麼？趕緊刷牙準備睡覺！

😟 爸爸好可怕……你講話好可怕。

😟 原來你覺得爸爸很可怕啊。

對害怕爸爸的孩子說「原來你覺得爸爸很可怕啊」這句話，不覺得有點尷尬嗎？有時候光靠「原來～啊」的附和並不代表捕捉到對方的感受。不僅是孩子說的話，還得仔細觀察表情和身體動作、態度和語氣，這些非語言信息都是理解孩子感受的重要線索。

「看你眨著眼睛，應該是嚇了一跳。看來爸爸的聲音太大，嚇到了是嗎？」

當孩子正專心做某件事時，突然聽到叫他去刷牙的聲音，不禁嚇了一跳。這時就可以理解，孩子真正的感受不是「害怕」，而是「驚訝」。

像這樣綜合非語言信息後，再賦予感受一個正確的形容詞，就不至於會錯意，也可以減少溝通上的錯誤。

四、提問

不過有時不管怎麼看，也猜不到孩子心裡到底在想什麼。這種時候不要急著斷定孩子的感受，可以用「看起來很難過」、「好像很累」的推測留一些餘地，還可以直接詢問孩子。

「你看起來有點不舒服，可是媽媽不知道你為什麼會這

樣，可以告訴我嗎？」

「看你皺著眉頭好像很生氣，你生氣了嗎？」

「你看起來很累，發生什麼事了嗎？」

✳

理解孩子的感受，
對孩子的成長有什麼影響？

從父母那裡得到情感認同和理解，對孩子來說是很重要的情緒資本。父母能理解孩子的感受，孩子就可以培養調節情感的能力、自尊，對孩子的人際關係也有幫助。

一、情感調節能力強的孩子

父母能理解孩子的感受，那麼孩子對自己模糊的情緒也會變得清晰，「啊，原來是這樣啊！」知道了自己的心情。當因為不舒服而哭泣時，會區分得出眼淚是因為悲傷、委屈還是遺憾而流。**知道了情感的根源和本質，就可以面對和處理。**

學會區分不同情緒的孩子遇到類似情況不會只是一直哭，他可以明白說出：「我很難過。」「我覺得很冤枉。」「我

覺得很可惜。」不會用壓抑的方式不哭，而是可以說出自己傷心、鬱悶、遺憾，並懂得如何調節。

二、自尊高的孩子

經驗可以分為情感、思維、行為，其中不管什麼狀況，應該唯一無條件尊重的就是情感，因為思維可能會有錯誤，行動也會有失誤，這二項是不能無條件尊重的，扭曲的思維或錯誤行為都必須糾正。

但是情感基本上沒有所謂的對錯，那是人的感受。而孩子的情感，只有父母才能完全尊重和理解。情感的理解可以說是父母給孩子最高的尊重。

有人完全理解自己的心情，孩子才會相信自己是珍貴的存在，並對世界產生信任。在情感受到理解中長大的孩子，對自我存在也會產生認同，知道即使不是什麼都會做也沒關係，因為我本身就是珍貴的存在。

三、在人際關係中自在的孩子

連自己都不了解的內心，父母卻能理解。有這樣的父母，孩子會感受到愛，並樂意聽從父母的教導，因為親子之

間有了堅實的信賴和連結。

　　親子之間建立的關係，可以作為孩子與他人關係的基礎。與父母之間累積了很好的信任的孩子，基本上也會認為其他人值得信賴；相反地，如果與父母的關係不穩定，就很難與他人建立關係，溝通上也會有困難。親子間的互動若都是積極正面的，孩子會知道自己是珍貴的存在，即使面對其他人也不會畏懼。像這樣在情感充分被理解的環境中長大的孩子，不僅與父母有緊密的連結，對外的人際關係形成也能很順暢。

　　不倒翁育兒的核心是積極正面的情緒經驗，父母必須傾聽孩子的話，認同孩子的情感並努力理解，原原本本地接受孩子的感受，不做主觀的臆測和判定。不只要聽孩子說什麼，也要觀察孩子表現出來的非語言信息，遇到混淆的時候就直接問孩子。**能夠不帶偏見接納孩子表現出來的感受、不隨便批判的父母，會給孩子帶來安全感，幫助孩子培養情感調節能力、自尊和人際關係的處理能力。**

表達父母的
感受

　　我在序裡曾提到和兒子因為麵包爭執的事。兒子問我為什麼沒買麵包，還反諷說那幹嘛買果醬？用那樣的語氣說話是我絕對不會做的事，丈夫和女兒也不曾那樣說過，但對兒子來說卻是家常便飯。每當聽到時我都覺得很煩、很無力，心情也會受到影響，感覺有把火在心中燒了起來，理智瀕臨崩潰。有時忍著忍著最後還是對孩子發了脾氣，每當要與孩子對話都倍感壓力，開始擔心現在還是幼兒園就這樣講話，那將來到了青春期會怎麼樣呢？

　　共鳴是情感相互交流，如果父母一直以來都只是接住孩

子扔出的球，總有一天會感到疲憊。單方面接受和理解孩子的情感是有限的，即使是父母，也會有受不了而傷害孩子情感的時候。做父母的不該把自己的感受全都拋在腦後，一味壓抑自己，只顧著理解孩子的情緒，那樣自然會感到疲憊。

能夠與孩子自然地交流情感是最棒的事，不管是像「說那麼多做什麼？還是算了吧」的消極，還是「就算不說出口也會理解吧」的茫然期待，或是「我是大人，就忍一忍吧」……這些想法都不值得鼓勵。因為父母如果不說，孩子就無法了解父母的心。

✳

父母表達自己的情感會有什麼益處？

父母若能向孩子表達自己的情感，會有以下好處：

一、**可以守護父母的心**。當產生某種不好的情緒，如果不表現出來，負能量會累積擴大。只是把受傷的情緒堆積在心裡，傷口並不會癒合，還會化膿發腫，忍著忍著總有一天會突然爆發。若能及早適當表達情緒，可以防止負能量擴大。復原力高的人會有勇氣及時表達感受，遇到不正當的事

或委屈時，不會放任不管，而是在適當的時候用語言表達出來。要適時告訴孩子自己的感受，才是守護為人父母的心。

二、可以教導孩子關懷和尊重。孩子習慣以自我為中心，不知道別人的感受，只顧著自己，也不知道別人的想法不一定會跟我一樣。若父母能對孩子表達感受，那麼孩子也可以從中學習，理解別人的想法和自己不同，理解自己可能會在無意中傷害別人。如果孩子知道自己的言行會讓父母有什麼樣的感受，就很容易理解父母的立場了。

良好的關係是建立在相互信任和尊重的基礎上。如果只有父母單方面對孩子表達共鳴、尊重感受，父母接受孩子原原本本的情緒，孩子卻隨意對待父母，那就不是相互尊重的關係。如果孩子一直都不聽話、不會替父母著想，那麼父母也會對孩子感到心寒。既然父母尊重孩子、信任孩子，那麼也應該教育孩子尊重父母的立場和情感。

該怎麼教呢？若是用「換個立場想想，如果是你會怎麼樣？」「你為什麼這麼自私？都不會考慮別人的心情嗎？」這樣指責會讓孩子感到羞愧，那些話只是讓孩子認為我是個自私的人，都不會替別人著想，卻無法學會該怎樣關懷別人。如果可以換個方式，告訴孩子：「你說這都是媽媽的錯，

媽媽聽了很傷心也很委屈。」向孩子說明自己的感受，就可以引導孩子學習理解父母的立場。

三、父母和孩子之間可以累積連結。因為生氣或傷心就一味責怪孩子，只會離孩子越來越遠。這樣的狀況一再反覆，很容易會破壞關係，也會破壞父母和孩子之間的連結。只有對彼此好好說話、好好回應，建立緊密的關係也才能建立連結。與其向孩子「發洩」怒氣，不如鼓起勇氣「表達」自己真實的感受，和孩子分享心聲，互相理解、親近。

※

表達情感的兩種錯誤方式

若是不懂情感，那麼表達方式也會不熟練。不熟悉情感表達的父母通常會犯兩種錯誤。

一、不經過濾任意發洩。赤裸裸地表達未經處理的感受，可能會對孩子造成情感暴力。這就像和孩子玩傳球遊戲，父母對未考慮孩子的體力、應變能力，以原本成人的力量投球，孩子可能會接不到、可能會被打傷。對孩子來說，這是不體貼的態度，把孩子當成情感的垃圾桶。作為父母，

也許瞬間宣洩了情感，但五秒內必定後悔。

　　二、壓抑。父母一直隱瞞或壓抑自己的感受也不是正確的做法，那會成為情感勞動。就像接球遊戲，父母一直接住孩子扔來的球，忽左忽右、忽近忽遠，為了接住孩子扔出的球東奔西跑、氣喘吁吁，卻又無法把球扔回去，因為怕孩子不小心被打到而受傷，怕孩子漏接會內疚，乾脆只接不投。

　　適當包裝情感有助於維持關係，但不會長久。我們的情緒能量有限，如果連在家裡也必須戴著面具不能表露情緒，長久下來精神上必然會疲勞。

　　不加過濾地發洩情感或一味隱藏情感，都不是正確的表達方式，應該在兩個極端之間找到情感交流的平衡。父母接受孩子表達的情緒，也要適當讓孩子知道自己的感受，如此一來一往，才有互動。

　　父母和孩子在各方面一定會有認知差異，要想順利拋接球，父母得先踏出第一步去了解孩子，知道孩子可以接多強、多快的球，需要保持多少距離，如何配合移動，再用孩子能接受的語言和方式來表達情感。並且根據孩子反應，觀察可接受的情感範圍，隨時靈活調整。為了讓孩子順利接收父母的感受，父母自己得先把感受提煉出來。

孩子的情感珍貴，但養育者的情感也很珍貴。身為父母要把自己的情感好好傳達給孩子，孩子也會尊重父母的感受，這樣親子之間才能持續維持積極的互動。不生氣、不咆哮，適當地表露出狀況中感受到的不便、遺憾、失望。當我們能適度表達情感，就可以控制負面情緒，進行積極正向的互動。

※

情感表達的說法
「當你做 A 的時候，媽媽的心是 B 啊。」

　　「當父母的可以向孩子表達感受嗎？」
　　「身為媽媽的我可以坦率地說出我的心情嗎？」
　　「這會不會讓孩子感到內疚？」
　　或許有人會有這些疑問，怕做父母的坦然說出感受，會讓孩子產生罪惡感。

給予罪惡感的情感表達
　　「為什麼總是惹媽媽生氣？」

「真是令人不知道該說什麼好。」

「看到就覺得悶。」

「換做是你，難道不會生氣嗎？」

父母突然不加包裝地宣洩情感，孩子當然會感到內疚。因為不知道父母為什麼生氣、為什麼傷心。如果不說明生氣的理由，只會傳達給孩子「都是因為你，媽媽才生氣」、「都是因為你，媽媽才會這麼煩」的信息。**當因果關係中沒有「因」時，就會把結果歸咎於自己。**

像這樣沒有理由的情感表達，就可能會給孩子帶來罪惡感。如果經常暴露在沒有特定對象和範圍的指責中，孩子可能會將語言和行動的問題放大到自己身上，並延伸成為讓父母不快的原因，「問題出在我身上」、「我為什麼會這樣」、「我沒有一件事做得好」像這樣的負面信息會降低孩子的自尊，讓孩子消極地看待自己。

理想的情感表達

那麼該怎麼做呢？適當的情感表達必須包含父母的感受，以及為什麼會有這樣的感覺。

「當你做 A 的時候，媽媽的心是 B 啊。」

情感表達的核心，就是用「明確的情感語言（B）」說明「情感的原因（A）」。驚慌的時候說：「你的那種行為讓媽媽覺得很驚慌。」傷心的時候說：「你那樣說話讓媽媽覺得難過。」讓孩子知道他說的某句話或特定行動，在媽媽心裡是什麼感受。

・和你一起下棋很好玩，但如果你一輸就耍賴（A），
　媽媽心裡也會覺得不開心（B）。

・你說那件事都是因為媽媽的關係（A），這話讓媽媽覺得很意外（B）。

解釋引起特定感受的原因

為了守護孩子的心，傳達父母的不滿，必須確認引發情緒的對象，不是因為「孩子」，而是孩子特定的「話」或「行動」。

・你說都是因爲媽媽～

・你說了不遵守約定的話～

・如果你摔門的話～

要釐清引發情緒的原因不是孩子本身，而是行動的問題；不是孩子的全部，只是部分的原因，那麼孩子就不會把特定焦點擴大到整體，自然就不會覺得是自己的錯了。

「媽媽生氣不是因為我，而是因為我做的那個行動。」
「不是我的問題，只是因為我說的話不恰當。」
「如果我這麼說，媽媽聽了會難過。」
「如果我做出這種行為，媽媽會驚慌失措。」

必須要讓孩子可以區分，讓媽媽難過的不是「我」這個人，而是我說的「話」和「行動」不恰當；區分只是「一部分」的原因，並非「全部」都是問題，這樣孩子才能夠擁有對自己存在毫不動搖的自信。

以情感語言表達父母的心情

　　指責、訓斥、威脅、命令，完全沒有足以解釋情感的
詞。我們往往不擅使用情感語言來表達情感，只會說些指責
的話，這樣孩子不會知道父母的感受，只是互相傳遞負面情
緒。情感就要用能表達情感的詞語來描述。

> ・看你玩得開心媽媽也高興，可是如果玩完都丟給媽媽收拾，媽媽心裡也會覺得不開心喔。（**表達父母的感受**）

表達情感的詞彙很多，從高興、踏實、滿足、爽快、欣慰、從容等積極情感的形容詞，到不當、可惡、困難、煩躁、委屈、後悔和絕望等負面情感的形容詞，數不勝數。

但是這些表達情感的形容詞對孩子來說可能不太容易理解，情感詞彙如果不符合孩子的年齡水準，就不容易有切身感受。因此，如果是幼兒園到小學低年級階段的孩子，比起情感詞彙，不如用比喻比較好，例如可以用顏色、形狀、數字、溫度來解釋。

> ・聽你這麼說，媽媽的心就好像長了角一樣，尖尖的不舒服。（**比喻成形狀**）
> ・現在媽媽的心情是藍色的，覺得傷心。（**比喻成顏色**）
> ・整理後變得乾淨了，原本尖尖的心現在變圓了，像

絨毛娃娃一樣又輕又柔軟。（比喻成對象）
・現在媽媽生氣的程度大概有六十度，在達到一百度
沸點之前，要先在房間裡冷卻一下。（比喻成溫度）

　　雖然覺得不說孩子也應該知道，但事實上，如果不明確
說出口，孩子就不會明白父母為什麼生氣，只有說明感受所
為何來，孩子才能理解，不會歸咎於自己。

✳

在現實生活中運用

「當你做 A 的時候，媽媽的心是 B 啊。」

六歲：從學校回來的孩子把書包丟在鞋櫃

😐 把書包放回房間，把用過的餐盒拿出來。

😠 不要，好麻煩。

😟 ・你不拿出來明天就直接帶去學校，用沒洗的髒餐盒

吃飯。**(譏諷)**

- 你把書包丟在門口，弟弟等一下穿鞋的時候會踩
到。**(脅迫)**

- 到時候不要怪弟弟，因為都是你自己不放好。**(誘
發罪惡感)**

- 剛回到家很想休息對吧？覺得還要收拾書包和餐具
很麻煩對吧？**(理解孩子的感受)**

- 可是如果你把書包丟在玄關 **(A. 說明感受的原因)**，
很可能會被弟弟踩髒，媽媽很在意這樣 **(B. 說出父
母的感受)**。而且自己的東西還是應該自己收拾比較
好。「你把餐盤拿出來 **(A. 說明感受的原因)**，媽媽就
會輕鬆很多 **(B. 說出父母的感受)**。

- 把書包放好，把餐盤拿出來，我們再好好玩吧。

小學一年級：躺了一個小時，孩子還是沒睡著，一直講話

- 不要再說話了。（**警告**）
- 我數到十，快閉上眼睛。（**威脅**）
- 快點睡。（**命令**）

還想和媽媽再聊一會兒嗎？（**理解孩子的情感**）「但是現在已經快十點了（**A. 說明感受的原因**），媽媽有點著急（**B. 說出感受**），因為聽說晚上十點開始，身體會分泌幫助長高的荷爾蒙。媽媽也想和你聊天，不過還是希望你十點前能睡覺。

小學二年級：晚上才知道孩子忘了把通知單交給老師

通知單還放在書包裡啊！你怎麼記性那麼差？（**斥責**）

我忘記了嘛，明天再交就好啦，媽媽為什麼那麼生氣？

😠 我當然氣！我能不生氣嗎？你這樣忘東忘西的已經是第幾次了？（諷刺）

⬇

😊 ・通知單如果晚交，就不能參加活動了（**A. 說明感受的原因**），所以媽媽很擔心（**B. 說出父母的感受**）。

・明天不要忘了拿出來交給老師。

交流情感
也傳遞關愛

理解孩子的感受

😊 你很想吃麵包但家裡沒有，覺得很失望吧？

說明父母的感受

😊 ・可是你問我為什麼沒有麵包（**A. 說明感受的原因**），
媽媽聽了很傷心（**B. 說出父母的感受**），覺得就像是
被罵了。

・你只是覺得沒有麵包吃很可惜，媽媽卻有種被罵的
感覺。

> ・媽媽沒有買麵包（**A. 說明感受的原因**），你覺得不開
> 心（**B. 說出感受**）。那媽媽待會兒去買，等你晚上回
> 家再吃吧。

　　因為我一直不擅表達情感，所以也很難向孩子表露感
受。在這樣確切整理自己的感受之前，需要很多思考和考量。

　　但是和孩子分享情感的過程，對我來說是很大的成就和
喜悅。向孩子表達感受後，孩子的反應發生了變化，不再說
出像「為什麼沒有買麵包」這樣的質問，或「那妳為什麼要
買果醬」這樣帶著諷刺語氣的話，我們之間停止了否定彼此
的對話。

　　我很好奇。

　　「到底是為什麼？」

　　「他的不開心和失望並沒有消失，只是因為知道了媽媽
很難過，是如何做到不再用言語把負面情緒丟給媽媽呢？」

　　我認為是因為愛，是愛的力量。因為兒子愛媽媽，不想
讓媽媽傷心，知道言行會讓心愛的媽媽感到傷心難過，孩子
也會改變自己的行為。

父母愛孩子，孩子也愛父母；做爸爸媽媽的不會傷害孩子，孩子也是一樣的心情，互相交流感受的共鳴對話，最後會成為互相交流關愛的過程。

　　雖然交流情感的共鳴對話是有效的溝通方法，卻也不一定適用於所有人際關係或所有人，但我想表達的是，如果你真心珍惜、關愛對方，就應該嘗試這個方法。只要是真正喜愛和珍惜的人，為了長久守護的關係，情感的乒乓球都是必須的。不管是什麼樣的關係，人與人之間都會有摩擦，這種時候如果不表露感受，裝作沒事隱藏真實情緒，或是嘴上說好內心卻不以為然，就這樣矇混過去，那麼再怎麼珍惜的人，關係也很難好好維持。面對矛盾，表達自己的真實感受並理解對方，才能順利解開糾結的線團。

　　情感交流是讓珍貴關係穩健紮根的養分，在認同孩子感受的同時，也要向孩子適當地說明父母的真心。

　　共鳴力強的父母容易與孩子形成情感連結，對孩子的情緒反應敏感，同時懂得理解和傳達自己的感受。共鳴的肌肉是透過曾獲得共鳴的體驗，和主動對他人產生共鳴的經驗而產生的。就像身體的肌肉，共鳴的肌肉也會越活用越結實。父母可以運用情感乒乓球為孩子提供使用共鳴肌肉的機會。

導正

對共鳴的誤會

　　有些狀況下，即使不是父母自己的錯，也會向孩子道歉。但這並不是共鳴，只是替孩子解決不舒服情緒的「情感解決」而已。

七歲：父母交談時，孩子中途插入，打斷談話

😣 媽媽都只和爸爸說話，爸爸也只和媽媽說話，你們都不聽我講話！

😟 對不起，對不起！爸爸不和媽媽說話了，現在聽你說吧。

雖然馬上給了孩子說話的機會，安撫孩子，但實際上這對孩子的心理成長沒有幫助。**有時父母即使不高興還是會忍耐，順著孩子，但如果連情感都幫他們解決的話，孩子就無法學習在困難時忍受和處理情感的方法。**因為認定父母會順從，所以習慣用發牢騷或撒嬌的方式，嚴重一點還會要賴。這樣孩子就無法真正學會控制和處理情緒問題，面對痛苦時會變得脆弱。在學校被老師責罵就哭，受到指責就畏縮。就像溫室裡的花朵一樣，**父母的回應表面上看起來是共鳴，但實際上卻是過度保護孩子的情感**。看到孩子受到傷害，父母都會覺得難以忍受，看見孩子悲傷和失望的樣子，對父母來說是一種痛苦，所以會想盡一切努力阻止孩子受挫。

　　孩子在人生中一定會遇到困難或痛苦，如果從小父母就一直代替處理掉那些負面情緒，那麼孩子就無法學習自己面對。**幫孩子消除那些情緒負能量並非共鳴，激發孩子克服情感負能量的內心力量才是共鳴。**不管什麼樣的情感，孩子才是情感的主人，也必須對自己的情緒和感受負責。

　　我們不可能永遠幫孩子承擔情緒的負能量，也不可能永遠幫孩子解決情感上的困難，但可以給予他們足以處理和應

對的力量。孩子其實比父母想像得更堅強，他們的心並不是一刺就破的脆弱氣球。雖然有時會無力癱軟，但只要注入空氣，就會再次膨脹變大、變得結實。孩子具有可以從痛苦、考驗和傷痛中恢復的內在資源，所以父母不需要時時刻刻替孩子撫平傷痛、解決情緒。

導正對共鳴的誤會

共鳴是幫孩子解決情感的負能量。 ➡ 共鳴是給予孩子戰勝情感困境的內心力量。

無過之

也無不及
的共鳴

理解孩子的情感

拒絕	「玩遊戲本來就有輸也會有贏。 這有什麼好哭的？不要再鬧了。」	不足的 共鳴
接受	「輸掉很難過吧，既然難過想哭就哭， 等哭完了再來告訴媽媽。」	適當的 共鳴
解決	（爲了不讓孩子哭， 玩遊戲時故意輸給孩子。）	過度的 共鳴

表達父母的感受

投入	「沒看見爸爸媽媽在說話嗎？我有沒有說過 大人說話時不要插嘴？都說過多少遍了？ 在旁邊等著！」	不足的 共鳴
有條理	「沒有聽你說話，所以覺得很難過嗎？爸爸 也有點難過，因爲剛剛你好像不太尊重爸 爸媽媽講話的時間。爸爸和媽媽在講話時 要請你先等一等，等我們講完了再說。」	適當的 共鳴
壓抑	「沒有聽你講話所以很難過嗎？ 對不起，爸爸媽媽現在不講了，聽你講。」	過度的 共鳴

第 2 章

不倒翁育兒，
父母的教導
很重要

有共鳴就可以了嗎？ NO！

在第一章中，我們了解了共鳴的重要性。那麼，只要父母有共鳴，就能提高孩子的自尊和復原力嗎？不是的。

想像一下孩子在電梯裡跑跳、在餐廳裡踩在坐墊上，這種時候適合認同孩子想玩鬧的心情，給予共鳴嗎？那樣就是放任。要培養像不倒翁一樣摔倒也能站起來的孩子，除了共鳴，還需要教導。共鳴和教誨是不倒翁育兒基礎的兩大軸心，父母要敏銳地留意狀況，保持共鳴和教導的均衡。

共鳴與教導的均衡

「媽媽站在你這邊。」

雖然這句話很溫情，很有共鳴，但如果孩子做出錯誤行為，那就不合適了。父母和孩子站在一起，是為了讓孩子說出心裡的話，要成為孩子安全的倚靠，但並非偏袒孩子的錯誤。

「爸爸相信你。」

這句話也要根據實際狀況而定。即使孩子還不熟練，但要相信他以後會做得很好。但是，如果孩子的行為是錯誤的，卻還睜一隻眼閉一隻眼，或是堅持孩子不可能那樣做，那就不是信任，而是扭曲事實。

有些情況需要共鳴，但有些情況比起共鳴更需要先控制，例如孩子有危險或傷害他人的行為，就必須立即制止和教導，要區分可以做和不能做的行為。孩子必須知道自己的行為是否會帶給別人傷害，而父母有責任教育孩子。小時候學不好，長大了也很難領悟。如果不導正孩子的錯誤行為，只是一味接受，那不是「與孩子有共鳴的父母」，而是「不負責任的父母」。

孩子不是一個人，必須與眾人一起好好生活

所謂摔倒也能自己站起來，像不倒翁般的孩子，並不是獨自一人在社會上，而是懂得和他人一起好好生活的孩子。遇到困難的時候不會獨自面對，而是懂得互相幫助的孩子。在人際關係中守護自尊，在生活中具有高度復原力。孩子還小的時候以自我為中心，還無法領悟到要顧及他人、遵守規範，為了在社會中也能享有幸福生活必須知道的秩序和規範，就要靠父母好好教導給孩子。所以，在不倒翁育兒中，父母的教導很重要。

爲孩子提供
適當的解決方法

六歲：孩子在玩骨牌遊戲時，手肘不小心碰到，結果排好的骨牌全都倒了

😟 都是媽媽害的，我討厭媽媽！

😟 ・你爲什麼那麼說？每次動不動就說是媽媽害的。（當面駁斥）

・你什麼都習慣責怪別人。（放大）

・你就沒有錯嗎？你自己說啊。（追問）

・不要再怪別人了！（禁止）

> **七歲：媽媽問什麼，孩子都不回答**
>
> 😟 要吃麥片嗎？還是要吃飯糰？
>
> 😐 ……
>
> 😟 要吃麥片還是飯糰？
>
> 😐 ……
>
> 😟 沒聽到媽媽說話嗎？你這孩子是怎麼了？媽媽問話就
> 要回答啊！（指責）

「為什麼要那樣說話？」

「你不能那樣說話。」

「你就只能這麼說嗎？」

「你怎麼這樣跟媽媽說話？」

「沒聽見我說話嗎？你這孩子是怎麼了？」

　　當父母做出以上反應時，孩子會知道自己做錯了，但仍然不知道該如何改正。因為父母的話語只點出了問題，卻缺少解決方法。

　　孩子在做習題時寫錯了，如果不訂正就直接跳過，那

麼下次考試遇到類似問題還是會答錯。同樣地，就算知道什麼是問題行為，卻不知道改善方法，那麼問題永遠都是問題，下次再遇到類似情況，就會重複錯誤的言行。另外，當孩子總是聽到「不要這樣」、「不可以那樣」、「你就只會這樣嗎」這類負面回應，久而久之會認為一切「都是我的問題」，將問題放大到自我存在上，導致自尊感低落，這並不是好的教導方式。

習作後面都會附上解答和說明，讓孩子可以參考訂正，了解答案是怎麼來的。父母在教導孩子時也要給予答案和適當的解說，只有給出適當的解決方法，才是好的教導。

我們應該關注在提醒孩子「改善錯誤的方法」，而不是「錯誤本身」。告訴孩子，如果再次面對同樣的問題，應該如何應對。唯有這樣，孩子才能學習、修正、成長。

六歲：孩子在玩骨牌遊戲時，手肘不小心碰到，結果排好的骨牌全都倒了

👦 都是媽媽害的，我討厭媽媽！

👩 ・你花了好多心力排好的骨牌全都倒了，你一定很難

過。（承認孩子的感受）

- 但如果說這都是媽媽害的，媽媽會覺得有一點傷心耶。（說明父母的感受）
- 這種時候你可以說你「很難過」，媽媽會抱抱你、安慰你。（提出解決方法）

七歲：媽媽問什麼，孩子都不回答

😊 要吃麥片嗎？還是要吃飯糰？

🧢 ……

😊 你是在考慮要吃麥片還是飯糰嗎？但是如果你都不回答，媽媽就不知道你想吃哪一個。（表達父母的感受）

🧢 如果還沒想好，可以說你「正在考慮中」。（提出解決方法）

　　問了很多次孩子都不回答，父母也會感到很鬱悶，感覺孩子不尊重自己，心裡不高興。這時父母應該先觀察孩子為什麼不回答，可能因為他正在想別的事，如果是那樣，就要把孩子的注意力拉回來。如果是因為還沒有想好，那就可以給孩子

時間，並教導他說：「我再想一下」、「等一下」、「再給我一點時間」等。我的兒子尤其如此，聽到問題後總是不回答，或不知道應該如何回應，所以需要父母教導處理的適當方法。

　　要制止孩子很容易，只要說一句「不行」就好，但要找到替代方法卻很難。雖然不容易，但父母還是應該好好思考，找到合適的對策和解決方法教導孩子，孩子才會知道「原來還有這種比較適當的方法，那我以後都要這樣做。」孩子才會去改變。引導孩子改變的不是禁止和命令，而是適當的對策和解決方法。

＊

即使不能提出解決方法

高一：向父母吐露不知道該如何決定未來方向，十分苦惱

・你再好好考慮一下，媽媽相信你。

　・只要是你想做的事，媽媽也會支持。

　・你一定會好好思考過再做決定。你一向什麼都做得很好，就放手去做吧。

在迫切需要客觀信息和具體指導的情況下，父母如果用上述對話來回應孩子，會怎麼樣呢？這些對話看起來都是積極正面、有共鳴的表現，但其實卻是模糊不清的答案，反而讓孩子感到更鬱悶，問題依然沒有被解決。這些對話聽起來都很好，但卻都沒有提出明確的解決方案。

　　不僅是前途問題，在面臨升學考試、人際關係、結婚等對人生有巨大影響的重要決定時，孩子不僅需要信任和鼓勵，也需要實際的建議和教導。

　　如果父母自己也不清楚怎麼做才好，就和孩子一起思考和討論吧！在孩子感到鬱悶、迷茫時，可以提供具體建議和明確指引當然最好，但如果不行，也可以在對話過程中激發想法。就算一時沒有得到明確的答案也沒關係，藉由表達願意與孩子的苦惱一起努力的心意，孩子也能獲得站起來前進的力量。

向孩子
明確說明

　　小學一年級的孩子坐在車子後座，但車門沒有關好，爸爸在行駛中發現後對孩子說：「後座的門沒有關好喔。」孩子卻回答：「我會用手緊緊抓住，不讓門打開。」

　　很多事情大人知道應該怎麼做，但小孩不教就不會懂。孩子年紀還小，不善於理解脈絡，分不清在什麼情況下應該如何行動，也分不清對錯。

　　以前面的例子來看，孩子之所以沒有打開車門再關上，而是緊緊抓住車門，是因為爸爸的指示模糊不清。「後座的門沒有關好喔。」這句話只是告知情況，但沒有明確說出應

該怎麼做。事實上，在車輛行駛過程中要重新關上車門，得留意左右有無其他車輛，還要克服車子行駛中的慣性作用和不穩定，要考慮的因素太多，孩子很難判斷。這時候如果可以立刻把車停在安全的地方，再明確地告訴孩子「把車門輕輕打開再用力關上」，孩子就會知道該怎麼做了。

※

明確的說明

 六歲：雙薪家庭的忙碌早晨，孩子正準備上幼兒園

- 你還有時間發呆？還不快點吃飯！（追問）
- 連衣服都還沒換！你要穿睡衣去學校嗎？（諷刺）
- 快點去刷牙。（催促）

　　追問、諷刺、催促、不停叫孩子「快」，這些話聽在孩子耳裡只知道自己做得不夠快。這時候父母應該明確告知孩子還有多少時間，用明確的時間、明確的數字表明界限，讓

孩子可以學習發揮自律性，在時間內準備好。

✳

透過提問明確化

孩子剛吃完飯，突然說肚子痛，這時你會對孩子說什麼？通常會問哪裡痛？是上腹還是下腹？是脹痛還是刺痛？是有點痛還是痛得受不了？

因為「痛」這個詞太廣義、太模糊了，單純說肚子痛無法決定應該去看哪一科醫生，必須透過具體的提問和回答，

才能了解孩子身體症狀。要知道哪裡痛、怎麼痛、有多痛，才能決定是要立刻去看醫生，還是吃點幫助消化的藥，或熱敷一下就好。

透過具體提問，可以幫助孩子把模糊的感受明確化，讓父母更清楚明白孩子的想法和感受。有時，一句明確的提問比反覆指示會更有效果。

小學二年級：因為作業很難而發牢騷

👧 ・你覺得哪裡很難？是太多了嗎？還是問題太難？**（提問）**

・寫完這張就結束了，再努力一下好嗎？還是先休息一會兒再寫？**（提問）**

✳

透過提問的覺醒

即使是孩子已經知道的事實，透過提問來確認孩子的了

解程度，也是有效的教導方式。

七歲：媽媽在講電話，孩子卻一直打斷

・沒看到媽媽在講電話嗎？（指責）

・如果不急，就等一下再說啊。（煩躁）

・別人講電話的時候就站在旁邊，等人家講完再說。

（命令）

七歲：媽媽在講電話，孩子卻一直打斷

・你想和媽媽說話啊。（理解孩子的感受）

・可是媽媽現在正在講電話，怎麼辦呢？（提問）

我要先等一下。（孩子的覺醒）

對，沒錯。你先等一下，等媽媽講完電話就聽你講。

不是父母的指示，而是孩子自己說出口時，才是真正的「覺醒」，才是真正知道該怎麼做。**孩子在耍賴的時候並不**

知道自己在做什麼，只是沉浸於欲望中，專注於想得到的東西。覺醒會喚醒孩子的大腦，讓孩子自己覺察，這才是學習和領悟的起點。

透過自我覺察，孩子知道要等待（認知），並決定等待（情緒），堅定等待的意志（行動），這是用高壓命令或指示無法得到的結果。

不要覺得教導孩子正確的內容就是教育。即使內容正確，如果孩子不懂、無法消化運用，就不能說是好的教育方式。

所以請給孩子明確的解釋，用提問讓孩子自己覺醒，領悟應該怎麼做才對。「教導的內容」很重要，「教導的方式」也同樣重要。

導正
對管教的誤解

養育者對管教有幾個誤解,以下提出最常見的三種。

✳

管教就該責罵?

管教不是斥責孩子,而是教育孩子。因為孩子還不會自己領悟道理,所以才需要教育。

😦 又錯了，我說過多少遍了，要先好好看清楚問題再回答。你就是這麼粗心大意，才會老是失誤。（斥責）

↓

🙂 題目是要提出錯誤的地方，結果你選到對的。是因為想快點寫完才會這麼急吧。你做習題的時候都太急躁了，以後要記得靜下心來好好看清楚問題喔。（教導的父母 & 學習的孩子）

＊

管教就該堅決？

什麼事需要堅決呢？首先得釐清堅決的標的，是針對情感、思考，還是行為？

情感、思考、行為中，管教的核心是「行為」。孩子無法分辨什麼是可以做的，什麼是不應該做的，所以有很多時候必須管控「行為」，管教就是糾正錯誤行為，引導孩子往

正確的方向。

因此，只要對孩子的問題行為表現出堅決的態度就可以了，對於孩子的情感和想法可以認同與接受，但對行為的糾正態度就必須堅決。

 ・你可能會覺得很委屈。（親切地認同情感）

・但是不能因為委屈就推哥哥，你可以用說的來表達委屈啊。（堅決糾正行為）

✳

管教就該嚴肅？

說到管教，相信很多人會浮現用嚴厲語氣和表情訓斥的畫面。但**最理想的管教樣貌不是板著臉嚴肅訓斥，而是平常心**。不能受到孩子情緒的影響而動搖，要保持平常心，才能理性地教導孩子。

〔誤解 1〕管教就該責罵。　→　管教應該是父母教，孩子學。
〔誤解 2〕管教就該堅決。　→　堅決的態度應該用在導正問題行為時。
〔誤解 3〕管教就該嚴肅。　→　管教應該抱持平常心。

＊

管教就像證婚一樣

　　「今天婚禮的證婚人真是優秀。」當進一步詢問為什麼覺得優秀時，得到的答案出乎意料是：「因為他致詞很簡潔有力。」其實證婚人致詞的內容大都差不多，無非是要新人彼此相愛、互相體諒、好好生活，都是些至理名言、對新人有幫助的好話。但再怎麼好的話，如果說得太長，聽者無法被吸引，到最後甚至會感到厭煩，所以能夠三言二語把重點說完是最好的。大人都這樣了，更何況是孩子呢？不是稱讚或鼓勵，而是糾正自己的行為、指出自己的錯誤，長時間聽訓，對孩子來說實在很難熬。

　　點出孩子的問題行為，加以糾正、教導，這是管教的重要過程，但是時間最好不要太長。父母管教時，如果感覺孩

子似乎不太專心，很容易會把訓話的時間無限延長。該怎麼做才能縮短時間，又達到管教的目的呢？

首先，請提前整理好要說的內容。把要糾正、教導孩子的內容提前在心裡整理好，盡量不要超過兩句。

「以後不要再這樣了！」

「下次就照媽媽說的方法做吧！」

盡量兩句話就結束。管教時間太長的原因之一，多半是不自覺地延伸負面連結，放大、揭發孩子以前所發生類似的錯誤。

「你上次也這樣！」**（連結過去）**

「這到底是第幾次了？」**（連結次數）**

「你在學校也是這個樣子嗎？」**（連結場所）**

「你到底會什麼？」**（連結錯誤）**

接二連三的負面連結，最後就會變成嘮叨，而不是教導。父母越說越起勁，孩子則是越聽越抗拒。**這都是父母把憤怒傾注到孩子身上的結果，和管教的本質不同。**所以父母要先調整自己，就事論事，以事實為主，進行簡短的整理，就可以有系統地教導孩子。

第二，直接告訴孩子，如果願意好好聽父母說話，就不

會說太久。許多父母在管教孩子前常常在心裡提醒自己不要說太久。但看到不停扭動身體、不好好聆聽的孩子，就會被影響，中斷原本想說的話，轉而指正孩子的態度。這樣管教的時間當然會越來越長，也漸漸偏離主題了。**因此最好一開始就告訴孩子要專注傾聽，那麼很快就可以結束。當孩子也決心專注傾聽時，對糾正行為也會很有幫助。**

「媽媽要教你很重要的事，只要你好好地聽，很快就會講完了。但是如果你動來動去、東摸西摸，媽媽會覺得你都沒有聽進去，就會一直講，講到你聽懂為止。」

像這樣事先告知孩子，孩子就會知道自己的態度將決定聽訓的時間長短，因而集中注意力。

管教孩子不是說得多、說得久就好，重點是與孩子的互動。如果一直單方面重複同樣的話，孩子會覺得很無聊，容易感到厭煩。聽得太多也會覺得膩，所以必須事先簡單整理一下，與孩子約定好專心地聽，就能盡快結束。

無過之

也無不及
的共鳴

提出解決方法

放任	（卽使其他小朋友排隊等著玩盪鞦韆， 也不叫正在玩的孩子下來， 放任孩子霸占公共遊具。）	不教導
提出解決 方法	「還有小朋友等著要玩呢。 差不多可以下來囉。你還想再盪多久呢？」 「一百次？太多了，二十次就好。 想玩的話再去排隊就好啦。」	適當的 教導
強迫	「後面還有人要玩，你趕快下來。」 「不准再玩了， 盪鞦韆只有你一個人想玩嗎？。」	過度的 教導

說明

旁觀	（對傷心哭泣的孩子沒有表現出任何關 心，放任他哭泣。）	不教導
解讀	「邊哭邊說話，媽媽很難聽懂你想說什麼。 等哭完再告訴媽媽。想哭就哭吧，等哭 完心情平靜了，媽媽再聽你說。」	適當的 教導
壓迫	「不准哭！有事情用說的，你也不小了， 不可以再這樣鬧脾氣！」	過度的 教導

第 3 章

從不倒翁育兒觀點，觀察父母的四種類型

父母的四種類型

從不倒翁育兒的觀點來看，父母可以分為四種類型：旁觀者、獨裁者、朋友型、導師型。這是以「共鳴」和「教導」為基礎分出的類型。

「旁觀者」父母不會給予共鳴和教導，可說是既不會解決狀況問題，也不會幫助抒解情緒的父母。「獨裁者」父母則是積極教導，但疏忽共鳴的父母，不求理解孩子的心，只顧著把孩子推往正確的方向。「朋友型」一般的父母，可以充分理解孩子的心，但疏忽教導。最後一種是「導師型」父母，則是會適當地給予共鳴和教導的父母。

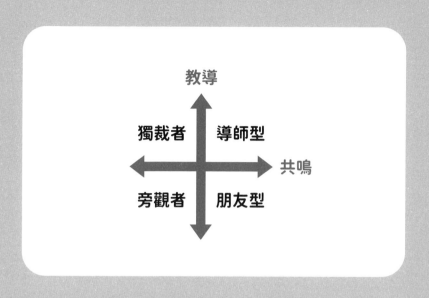

「做不做隨便你。」
旁觀者父母

小學四年級：孩子以功課沒寫完爲由，拒絕去補習班

 ・我不管了！要去不去隨便你。（煩躁）

・爲什麼在那裡嘟嘟嚷嚷的？（神經質）

・我頭已經很痛了，你不要再煩媽媽。（誘發罪惡感）

國中二年級：時間很晚了還想吃宵夜

 ・這麼晚了還吃什麼炸雞。（煩躁）

・我才不管，你不要煩我。（神經質）

- 我要睡了，要吃不吃隨你便。（迴避）

「旁觀者」父母不會給孩子共鳴和教導。通常因為忙於生計，心理上也沒有餘裕，所以無法投入精力在養育之外的情緒交流或教導。不會去理解子女的立場也不會用心回應孩子的需求，對孩子漠不關心，只希望孩子不要惹麻煩。

旁觀者家長自己在情感上就不是很穩定，對孩子的主要情緒反應常是煩躁和神經質。一旦被孩子惹惱了就會立刻發脾氣，無法控制情緒。通常不會顧慮孩子心裡的感受，而以自己的感受為優先。在孩子需要父母的時候，也沒有耐心傾聽孩子的需求，反而覺得孩子是來找麻煩的。也就是說，完全沒有站在孩子立場上考慮或關懷。因為沒有處理負面情緒的能力，所以很容易會向孩子發洩憤怒，把孩子變成自己情緒的垃圾桶。這是不負責任、不成熟的父母類型。

旁觀者父母很容易對孩子的情感造成嚴重傷害，本應照顧和守護自己的父母，不僅沒有給予信賴感和安全感，反而總是拒絕自己、帶來不安。在旁觀者父母身邊長大的孩子會表現出以下特徵：

一，**無法學習認識自己的情緒**。「爸媽都不懂我的心，就算說了也沒用，所以即使有困難也不會說出來。」孩子如果持續沒有得到父母的尊重、理解和接納，就會認為自己的情緒和感受一點都不重要。

二，**人際關係不好**。因為總是被父母拒絕，所以面對別人時也會很不自在，總是小心翼翼，深怕不知道什麼時候會被對方拒絕，所以難以維持人際關係。同時也會習慣保持情感上的距離，以阻斷可能受到的傷害，把自己孤立於人群之外，也可能因此被孤立。因為對他人的不信任和來自父母的心靈創傷，這樣的孩子通常在社會生活上會很疏離。

三，**自尊低落**。在不安的養育環境中長大的孩子，無法體驗到穩定積極的情感。難過時的心情被否定、需要幫助時被拒絕，孩子會懷疑父母對自己的愛。「原來對媽媽來說我是個麻煩。」「在媽媽心裡我一點都不重要。」認定自己是微不足道的存在，會產生消極的自我形象。

旁觀者父母不教導、不理解，在這種環境下孩子什麼都學不到，只有不安感越來越大。還不懂得調節情緒的孩子，必然會常對父母抱怨、訴苦，但在這種時候聽到父母說：「你自己看著辦吧。」「隨你便。」這樣含糊又冷漠的回答，孩

子會不知所措，感到很茫然、混亂。讓還沒有能力自己判斷和做決定的孩子「自己看著辦」，這不是培養自律性，而是刺激他的不安。因為無法預測父母什麼時候會顯現不耐煩和神經質的反應，所以孩子總是處於不安的狀態，隨時都要看父母眼色，對孩子的心理健康發展完全沒有幫助，是為人父母必須時刻警惕和避免的類型。

「我不是叫你提早準備？」
獨裁者父母

小學四年級：孩子以功課沒寫完爲由，拒絕去補習班

- 不行。我不是叫你提早完成，你沒做嗎？（指責）
- 今天不去，明天會想去嗎？今天不去的話，明天一定更不想去了。（強迫）
- 補習班是你想去就去，不想去的時候就不去的地方嗎？（指責）
- 你怎麼那麼任性。媽媽也不想煮飯，但還不是每天都煮。（命令）
- 有時間吵著不去補習班，不如快把功課寫一寫。（指示）

> ・凡事都要有責任感，沒做完作業是你的責任，應該
> 要去被老師罵一罵。（壓制）

國中二年級：時間很晚了還想吃宵夜

 ・不行。（禁止）

・晚上吃東西會變胖，而且油膩的食物對皮膚也不
好，你最近不是一直長痘痘？不要吃完又後悔，還
是忍忍吧。（壓制要求）

　　從不倒翁育兒的角度來看，第二種類型「獨裁者」父母
雖然積極教導，但疏忽了共鳴。**若說旁觀者父母的主要情緒
是「煩躁和神經質」，那麼獨裁者父母的主要特徵就是「指
示和指責」。**單方面下達指示，如果孩子做不好就訓斥。

　　獨裁者父母非常重視禮法、誠實、負責等社會規範和美
德。父母本身也處處盡到人性道理和社會義務，過著端正的
生活。**把遵守規範放在第一位，但是對情緒和感受卻漠不關
心，比起理解孩子的心情，他們更注重原則和標準。**

獨裁者父母喜歡用控制的手法，把「一定要～」「絕對不能～」當作義務和責任，對孩子也是同樣的要求。持續不斷監督，按照自己的標準去要求孩子。

　　「怎麼可以不上學，除非發高燒，否則就該去上學。」（義務）

　　「媽媽念書時從來都沒有遲到過，所以你也不能遲到。」（責任）

　　從不站在孩子的立場著想，而是以父母制定的標準和方法逼孩子照著做，對孩子想要的、喜歡的漠不關心，只強迫孩子做父母認為對的事、好的事。

　　因為獨裁者父母強調禮儀、讓步、關懷等社會規範，所以培育出來的孩子通常很有禮貌、生活習慣很好，在學校團體生活沒有太大問題，但卻會遇到各種情緒上的難關。

　　一，沒有勇氣做自己。從不表現共鳴的父母過度控制和教導，會讓孩子想做什麼時產生「我這樣做可以嗎」的懷疑，以及常會有「我好像做錯了」的罪惡感。接受指示行動比較自在，久了也就不會想去爭取或追求自己想要的。這樣的孩子會為了符合父母的期待，疏忽自己的感受，已經習慣將父母的想法和團體紀律放在比自己的欲望和感受優先的位

置。父母說:「這樣做是為你好」、「是為了你的將來」這些話,當然也是出於真心,但如果從小就強迫孩子符合父母制定的框架,孩子長大成人後也會變成凡事看人眼色,只會迎合多數,而沒有勇氣做自己的人。

二,**不善表達情感**。因為沒有情感交流的經驗,所以不習慣談論或表達感受。對於不懂自己心情的父母會感到失望,有什麼感覺也很難向父母表達,因為可能會被視為反抗或被忽視。凡事都以父母的感受為準,無法也不知道如何表現自己。

三,**容易養成消極自我對話的習慣**。在成長過程中,持續暴露在指責、嘲諷或強迫的話語中,孩子在成年後也很容易變成否定自己的人。即使是微小的失誤也會指責自己:「我為什麼會那樣?」「當時不應該那樣做。」內心的評論者會代替父母,持續不斷自我指責。

四,**自尊低落**。如果沒有共鳴,只顧著教導,孩子就無法培養自己的判斷力,失去累積自信和自尊的機會。在沒有得到共鳴、只有教導的環境中,就只剩下「命令的父母,服從的孩子」。

五,**無法體驗無條件的愛**。獨裁者父母在孩子按照指示

達到標準時才會給予稱讚，如果沒有達到就訓斥。站在孩子的立場，會認為父母的愛是有條件的。為了讓父母滿意，孩子必須透過取得成果來證明自己的存在，而無法相信即使什麼都不做或結果不好，自己也是珍貴的存在。

六，**很難建立與父母的連結**。省略親密的對話或情感交流，而以單向的教導與孩子相處，親子之間會很難培養親密感和連結。孩子無法對父母吐露真心，自然也不會想要親近，覺得和父母的溝通有高度障礙，和父母在一起時會覺得尷尬、不自在。

不斷灌輸教導的父母就像審判官，而家裡就像法庭。孩子在父母面前隨時繃緊神經，連在家裡也無法安心自在。

當然，父母的教導不可或缺，當孩子有錯誤或危險行為，就應該透過「教導」進行改善。教導孩子適當的行為規範和社會規則，因為人無法獨自生活，每個人都是社會的一員，必須在規範中與他人一起和諧生活。若不想限制孩子而不教導規則和規範，那就是過度放任了。

但是沒有共鳴的教導會束縛孩子，讓孩子壓抑自己，默默承受父母給予的控制和義務，久而久之必然疲乏，覺得喘不過氣。所以父母應該重視共鳴和教導的均衡。

父母是孩子人生中遇到的第一個「他人」，不能只用強迫或指責的方式進行教導，孩子從父母身上獲得理解，以及向父母表達情感的經驗，會成為日後表現自己和培養理解能力的基礎。因此父母應該隨時自我檢視，對孩子是不是忽略了共鳴，只集中於教導。

＊

像孩子的孩子，會成為像大人的大人

　　在獨裁者父母身邊長大的孩子，在外面經常會聽到別人稱讚，認為是模範生。因為父母會灌輸很多禮儀、謙虛、關懷等社會應該遵守的規範。獨裁者父母重視面子，受不了聽到別人說自己孩子的不是，因此孩子通常都會養成良好的習慣，見了人打招呼，不給別人添麻煩。

　　總是有禮貌的孩子、只要說「不行」就不會再糾纏或耍賴的孩子，雖說父母在教導時很容易，但孩子其實很可憐。因為這樣的孩子很早就意識到，即使撒嬌也不會被接受，所以才放棄耍賴。他們沒有享受過孩子應有的生活，早早成為懂事的小大人。

隨著心靈成長，人的言行舉止也會變得成熟，但我們大部分人都是在「這樣做才不會被罵」、「要乖一點才會討人喜歡」的他人導向型的教導之下成長。為了不失去父母的關愛或破壞與其他人的關係，習慣壓抑自己的欲望和對世界的好奇心。孩子對父母隱瞞真心，是一件令人很傷心的事。

　　讓孩子成為懂得表達心意和想法的人非常重要，難過就說難過、傷心就說傷心，這樣坦誠表達是成為心理健康的成年人的基礎。如果孩子的行為對別人造成傷害或違反規則，就要教導和糾正，引導孩子走向正確的方向。但是如果以教導的名義強迫孩子提早成熟，壓制孩子的想法，那不是為了孩子好，而是為了父母。表面上看起來對長輩的話言聽計從，做好自己分內的事，對別人有禮謙讓，但嚴格說起來這些都是為了長輩好而已。

　　即使成為不給別人帶來傷害，遵守規則，扮演好自己角色的成熟大人，也可能在內心帶著傷痛過日子。**對孩子來說，需要的不是完美的大人，而是可以給予擁抱和共鳴的人，這樣孩子才會像個孩子。**父母有責任讓孩子建立可以與他人交流心靈，一起創造幸福生活的情緒。

「太困難就別做了。」

朋友型父母

小學四年級：孩子以功課沒寫完爲由，拒絕去補習班

 ・作業太多了對吧？要全部寫完實在不容易啊。（理解感受）

・如果覺得去補習班太累就別去了，我會跟老師說你身體不舒服，請假一次。（解決情感）

國中二年級：時間很晚了還想吃宵夜

 ・你這麼想吃炸雞啊。（理解感受）

・想吃就吃吧，我來幫你訂。（解決欲望）

　　從不倒翁育兒的觀點來看，第三種類型的父母像「朋友」一樣，充分認同理解孩子的心，但卻疏忽教導。他們重視的是與孩子充滿親密感、溫暖的關係。他們會努力理解孩子的感受，穩定孩子的情緒。對孩子來說，有親切溫暖的父母當然很好，從理解自己並產生共鳴的父母身上可以感受到愛，因為知道父母會站在自己這邊，心靈上也會產生安全感。

　　像朋友一樣的父母很少會對孩子表露自己的不滿或不悅，因為怕製造不必要的矛盾，怕傷害孩子的心，所以選擇不表態。例如在離出門前一個小時，孩子突然要求媽媽做餅乾，時間根本來不及，但像朋友一樣的媽媽會盡量滿足孩子的要求。在迅速洗漱、換衣服，準備外出的同時還不忘動手做餅乾。

　　過分親切包容、過度保護，怕破壞與孩子的關係、怕孩子受到傷害，所以疏忽了教導。因為看到孩子受挫和灰心，對父母來說也是一種痛苦，因此乾脆盡量避免製造會讓孩子

心情不好的狀況。**努力保護孩子免受負面情緒的影響，雖說是為了孩子著想，但事實上也是養育者為了避免自己面對衝突與為難。**當滿足孩子的要求有困難時，還是需要坦白向孩子說明情況：「媽媽也想和你一起做餅乾，可是今天得去參加婚禮。現在時間來不及了，我們明天再做吧。」

父母像朋友一樣，共鳴能力強卻疏於教導，那麼孩子可能會遇到以下困難：

一，**經歷痛苦時難以承受。**父母總是對自己溫柔以待，避免孩子受到傷害，孩子會不知道該如何克服痛苦。受到過度保護的孩子害怕逆境，在成長過程中沒有機會培養復原力，就像溫室裡的花朵一樣嬌弱。

孩子年紀小的時候最脆弱，必須由父母保護阻擋難關和障礙。但是隨著年齡成長，父母漸漸無法再幫孩子阻擋生活中遇到的所有困難。像朋友一樣的父母雖然共鳴能力強，卻會妨礙孩子的心理健康成長。保護孩子不受一點傷害並不是對孩子有益的行為，養育的最終目標還是要讓孩子「自立」。

二，**無法學習做好自己的義務和責任。**「累了就別做了。」「媽媽什麼事都會幫你解決。」「不想寫作業的話就跟媽媽說。」當孩子遇到一點點難關時就會因為想起這些話

而輕易放棄，那將沒有辦法努力學習並做好自己的義務和責任，覺得累、覺得難就半途而廢不再堅持，只學到迴避和依賴的方法。

讓孩子在自己可以承受的範圍內經歷適當的困難和痛苦，有助於孩子的心靈成長。孩子需要經歷適當的情緒挫折，必須學會忍耐和等待，這樣萬一跌倒了才能再爬起來。人生的難關可以培養孩子的復原力和耐心，即使不忍心看到孩子受挫，父母也不能代替孩子阻擋困難的理由就在這。

※

努力克服情感缺陷的父母

在旁觀者父母身邊長大，將來也會成為旁觀者父母；在獨裁者父母底下長大，以後也會成為獨裁者父母嗎？不一定，有很多例子顯示，小時候不被理解和沒有獲得共鳴的經歷，會在自己成為父母後決心「當個理解孩子心靈的父母」。

特別是天生對情感敏銳的人，如果在成長過程中沒有得到充分的共鳴，大多都會特別自覺而努力，讓自己成為善於理解和共鳴的人。把小時候父母對待我的方式當作反面教

材，為了不讓自己的孩子也遭受同樣的傷害而努力。這類型的人會從書中、影片中找尋育兒的相關資訊，對子女教育從不懈怠，是很優秀的父母。

但是在這些人當中，有很多會成為朋友型父母。許多育兒書都強調共鳴的重要性，父母也會想在情感上盡力給予孩子支持，所以會盡量理解並親切對待孩子。另外，如果父母中有一人是獨裁者類型，那麼另一個很可能會因為同情孩子而成為朋友類型。這是一種補償作用，因為知道冷嘲熱諷和冷漠的指責與命令會對孩子造成傷害，所以想以溫暖和包容來彌補孩子。

育兒需要共鳴，但共鳴並不是萬能公式。育兒書中所說的「共鳴」是指親切地接受孩子的情緒，而不是對問題行動也寬容以待的意思。同時別忘了，孩子不只需要共鳴，也需要教導。

當然，像朋友一樣的父母表現共鳴、給孩子溫暖這些方面會比旁觀者和獨裁者好，但也不是最好，仍有需要改進的地方。**最理想的類型，還是同時能給予充分共鳴和明確教導的導師型父母。**

「那種時候就這樣試試看吧。」
導師型父母

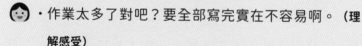

小學四年級：孩子以功課沒寫完爲由，拒絕去補習班

- ·作業太多了對吧？要全部寫完實在不容易啊。 **(理解感受)**
- ·但是不能因爲沒寫完就不去補習班，功課要寫，補習班的課也要去上啊。 **(明確化)**
- ·就老實跟老師說沒有寫完，也可以跟老師反映一下功課太多的問題。 **(提出解決方法)**

國中二年級：時間很晚了還想吃宵夜

😊 ・你這麼想吃炸雞啊。**（理解感受）**

　　・要不要明天白天再吃？因爲這麼晚了吃重口味的東西，對身體不好。**（提出替代方案）**

　　・你覺得呢？**（詢問意願）**

🧑 可是很想吃卻強忍著，腦袋裡就會一直想，睡不著。晚上吃東西雖然對身體不好，但睡不著不是也對身體不好嗎？又不是每天都吃，一週吃一次應該沒問題吧。

😊 好吧，一週吃一次媽媽也還可以接受，那就快點訂餐吧。**（協調與折衷）**

　　從不倒翁育兒的角度來看，第四種的「導師」型父母，可以均衡地同時提供「共鳴」和「教導」，也就是可以撫慰孩子的心靈，也能引導他走向正確的道路。是共鳴與教導都能積極運用的類型。

　　導師型父母不僅重視孩子的禮儀和規範、誠實和責任感，也會珍惜孩子的感受。當孩子有錯誤行為會堅定制止，並給予正確方向的教導，但不是單方面將想法灌注給孩子，

而是傾聽並尊重孩子的立場和意見。

另外，導師型父母善於調節情緒，不容易被負面的情況或情感左右。透過積極的對話和溝通，尋找彼此都能接受的合理解決方法。對孩子和父母來說，對話時間是親子都能心情愉快的情緒經驗。

從上面的對話可以看出，孩子不願意去補習班是因為作業做不完，擔心挨罵。但即使不想做，也有責任必須去做。透過父母提出的明確指導方針，孩子可以學習遵守約定，如何把不喜歡但必須做的事堅持做完，同時找到與老師商議解決問題的方法，遇到困難不逃避。

從父母那裡得到充分情緒支持和教導的孩子，懂得與他人建立圓滿的關係。會聽從老師的指示，和同學也能相處得很好，但不會勉強自己配合別人，知道該如何表達自己的想法。會察顏觀色，但並不因別人的眼色而畏縮，懂得在不傷害他人的範圍內說出自己想要的東西並行動。

這樣的孩子愛父母，也尊敬父母。會把父母當作有困難時商議的導師，以從父母那裡學到的東西為基礎，培養自己克服困難的內心力量。導師型的父母可以幫助孩子培養自尊和復原力。

不倒翁育兒就是以成為均衡提供共鳴和教導的導師型父母為目標。透過導師型父母的積極教導和共鳴、相互作用，成為培養孩子內心力量的養分。

　　若沒有值得信賴和依靠的大人在身邊，孩子要獨自面對困難，沒有可以避難的地方，只能忍受冰冷的現實。遇到棘手的問題時茫然、孤獨而疲憊。

　　當遇到人生難關時，如果有人可以提供明智的建議會怎麼樣呢？孩子可以信任和依靠能理解自己、給予建議的父母，感受愛和安全感，也可以向父母傾訴心聲。「累的時候就找媽媽聊聊」、「我知道我不是一個人」，孩子因為有堅實的安全基地，所以更可以勇敢地探索新世界。

　　做導師不容易，但身為父母的我，可以成為我孩子的導師。因為生育孩子的是父母、在孩子身邊守護和陪伴最久的是父母、最了解孩子的也是父母。父母才是孩子人生最好的導師。

我是

什麼類型的父母？

從不倒翁育兒的角度來看，父母有四種類型：旁觀者、獨裁者、朋友型和導師型。看看以下的對話情況，判斷你是哪一種類型的父母。

類型	經常說的話	特徵
旁觀者父母	迴避、煩躁、神經質 「我不管了，你自己看著辦吧。」	漠不關心的父母 不安的孩子
獨裁者父母	命令、指示、禁止 「不行！要忍耐。」	嚴格的父母 聽話的孩子
朋友型父母	同感、理解 「很累吧？累了就休息吧。」	過於寬容的父母 容易受傷的孩子
導師型父母	共鳴、教導 「很累吧？但是～」	懂得溝通的父母 內心力量堅實的孩子

小學二年級：孩子因爲寫作業太辛苦而哭泣

旁觀者父母	「我不想聽你發牢騷。」（拒絕） 「那是應該對媽媽說的話嗎？是你在煮飯、打掃、洗衣服嗎？你有什麼好辛苦的？」（神經質） 「要不要做你自己看著辦，不要煩媽媽了。」（迴避）
獨裁者父母	「五分鐘就可以寫完，有什麼難的？」（獨斷） 「不要鬧脾氣！」（斥責） 「寫作業和念書本來就是學生的本分。」（義務，責任） 「寫完作業再玩，快點！」（命令）
朋友型父母	「寫作業很辛苦啊。」（理解感受） 「那就先不要做了，覺得累就先休息吧。」（解決情感）
導師型父母	「寫作業很辛苦啊？那也是有可能的。我可以理解。」（理解感受） 「等寫完作業你可以玩好幾個小時。聽到你說一整天都在寫作業，沒有時間玩，媽媽覺得有點意外。」（說出感受） 「是因爲量太多覺得累，還是題目太難了？是什麼原因呢？」（提問） 「如果因爲量太多太累的話，那就先寫一部分。如果是問題太難，那媽媽可以幫你看看。」（提出解決方法）

小學二年級和四年級：兩兄弟為了吃而爭吵

旁觀者父母	「又開始了。不要吵了！你們是不是一見面就要吵架？」（煩躁） 「我真的很討厭你們每天吵架。」（抱怨） 「我為什麼要一天到晚聽你們吵架？不要吵了！」（神經質） 「要吵架就到外面吵，安靜一點。」（迴避）
獨裁者父母	「你們是仇人嗎？」（指責） 「不要吵了，都過來坐好。」（壓制） 「你為什麼要搶哥哥的糖果？吃你自己的就好，為什麼要這樣？」（獨斷） 「哥哥分給弟弟一顆就好了，為什麼非要吵架不可？」（誘發罪惡感） 「哥哥讓弟弟，給他一顆糖。」（強迫） 「不要吵了，都回自己房間去。」（命令）
朋友型父母	「你想吃哥哥的糖果嗎？」（理解感受） 「媽媽有多買一袋，你不要跟哥哥搶，吃這個吧。」（解決情感）
導師型父母	「弟弟說你是貪吃鬼，聽了很生氣吧。」（理解感受） 「媽媽知道你不是貪吃鬼。如果弟弟沒有糖果，你一定會分給他的。」（肯定的解釋） 「弟弟想吃哥哥的糖果對吧？」（理解感受） 「哥哥不給你，一定很難過吧。」（肯定的解釋） 「如果你這麼想吃哥哥的糖果，那不如你拿一個自己的跟哥哥交換。」（提出解決方法）

七歲：孩子冒然介入父母的對話

旁觀者 父母	「不要煩爸爸！」（煩躁）
獨裁者 父母	「沒看到爸爸媽媽在說話嗎？」（指責） 「我有沒有說過，不要在大人說話的時候插嘴？」（斥責） 「要說多少遍你才聽得懂？」（指責） 「在一旁等著！」（命令）
朋友型 父母	「很難過吧。」（理解感受） 「爸爸覺得很抱歉。」（道歉） 「爸爸媽媽不講話了，現在聽你說。」（解決情緒）
導師型 父母	「爸爸沒有聽你說話，心裡覺得不開心吧。」（理解感受） 「但是你打斷了爸爸媽媽的談話，爸爸也覺得很不好受。覺得你不太尊重爸爸媽媽的談話時間。」（說出感受） 「你希望我們聽你講話，可是爸爸媽媽正在談話，這樣感覺沒有受到尊重，所以有點難過。」（說出感受） 「爸爸不是不聽你說話，只是要你按照順序。」（分辨） 「不是你想說話的時候就可以先說，你要等爸爸跟媽媽講完之後再說才對喔。」（教導）

六歲：已經陪玩了半天，但孩子還是哭著要再多玩一會兒

旁觀者父母	旁觀者型的父母一旦覺得疲憊就會表現出不耐煩，所以孩子通常不會纏著這類型的父母一起玩。
獨裁者父母	「已經陪你玩很久了。說好玩十次就好，爲什麼不遵守約定？」（指責）
朋友型父母	「和爸爸一起玩很有趣是嗎？還想再玩是嗎？」（理解感受） 「好，那我們再玩一會兒吧。」（解決情緒）
導師型父母	「和爸爸一起玩很有趣是嗎？還想再玩是嗎？」（理解感受） 「爸爸不是不陪你玩了，只是今天就到此爲止吧。」（設置界限） 「下班回家後，爸爸也想要休息一下。」（說出感受） 「不要因爲現在不能玩了就不開心，想一想爸爸陪你玩的時候開心的事吧。」（明確的說明） 「你可以說『今天玩得很開心！』那爸爸會覺得很有力量，明天就可以再陪你玩了。」（提出解決方法）

小學一年級：因為朋友不跟他玩，叫他走開而傷心

旁觀者父母	「唉，這我管不著，我沒辦法跟在你身後幫你解決問題啊。」（煩躁） 「要跟朋友好好相處啊，你自己想想辦法吧。」（迴避）
獨裁者父母	「他們為什麼不找你一起玩？應該有什麼原因吧？你不會去問嗎？」（指示） 「這次就算了，如果下次再這樣，就去告訴老師。」（命令）
朋友型父母	「他們怎麼可以叫你走開？為什麼對你說那種話？」（投入情緒） 「媽媽去問問小露媽媽。」（介入） 「小露媽媽，最近好嗎？小朋友們如果可以一起玩就好了，可是我家孩子說小露不肯跟他玩，叫他走開，他聽了很難過。我很想知道原因，所以才打電話來問。」（介入） 「小露媽媽說小露比較想跟小苗一起玩，也不是討厭你，因為她想跟小苗玩所以才叫你先讓開。這也沒辦法，你也去找其他新朋友玩吧，有了新朋友就不會那樣了。你有沒有其他想一起玩的朋友？告訴媽媽，我們來辦個睡衣派對吧。」（解決情緒）
導師型父母	「不想一起玩遊戲也不需要叫你走開啊，你一定很傷心吧。」（認同感受） 「小露是不是想和別人一起玩？如果她可以好好告訴你原因就好了，對吧？」（正面的解釋）

小學二年級：在學校和不喜歡的同學一起坐，覺得很難受而向父母抱怨

旁觀者 父母	由於旁觀者型的父母不會給孩子共鳴和教導，所以孩子在學校即使有什麼不開心，通常也不會告訴父母。
獨裁者 父母	「怎麼可能每次都和喜歡的同學一起坐呢？你反過來想，如果有人也不想跟你坐在一起，你會有什麼感覺？」（指責） 「還是要和同學好好相處，不要表現出不喜歡的樣子。」（命令）
朋友型 父母	「你很想和荷娜一起坐是嗎？可是沒有坐在一起所以很難過吧？」（理解感受） 「那就找荷娜來家裡玩吧，媽媽會幫你跟荷娜媽媽說的。」（解決情緒）
導師型 父母	「你很想和荷娜一起坐是嗎？可是沒有坐在一起所以很難過吧？」（理解感受） 「不過，除了和你喜歡的同學相處，也要學習和不那麼喜歡的同學相處啊。這是一個學習的機會，而且你們的座位不是一個月會換一次嗎？這個月就試著好好跟對方相處吧。」（提出解決方法）

我的對話類型是？

旁觀者父母（　　）個　　　朋友型父母（　　）個
獨裁者父母（　　）個　　　導師型父母（　　）個

注意和定向

雖然我把對話類型分爲以上四種，但不能直接用來定義教養孩子的風格，因爲每個家庭的狀況和背景都不同，混合搭配運用會比較好。雖然最理想的是導師型的父母，不過依照狀況也可以適時轉換成旁觀者、獨裁者、朋友型父母，重點是要「意識」和「設定方向」。首先要知道自己平常怎麼說話、說哪些話，只有意識到自己「主要是這樣說話的啊」，才能設定「以後要成爲能同時給予共鳴和教導的導師型父母」這樣的努力方向。總之首先要認識和理解自己平時習慣的反應，「意識」，就是不倒翁育兒的開始。

透過自我
對話

分析父母的
四種類型

旁觀者父母、獨裁者父母、朋友型父母、導師型父母的自我對話
會是怎麼樣呢？可以參考以下不同情況的自我對話，判斷自己屬
於哪種類型的父母。

消極的自我對話

旁觀者父母	對教導和共鳴都疏忽的旁觀者父母不僅對孩子，對自己也經常說出負面的話。 **▶ 失敗** 「怎麼辦？這下完蛋了。」（消極判斷） 「在這種地方失敗，我的運氣也太差了吧。」（悲觀） 「以後一定也會常常失敗。」（負面的預言） **▶ 日常中的矛盾** 「什麼事都做不好。」（負面的一概而論） 「爲什麼只有我會發生這種事？」（負面放大） 「眞想全部放棄算了。」（破壞性思考）

**獨裁者
父母**

積極教導卻忽視共鳴的獨裁者父母雖然不像旁觀者父母那麼負面，但自我對話仍屬於消極的。不僅對孩子，對自己也常說些應盡義務和責任相關的話，雖然生活很努力，但仍時時警惕自己要做得更好，做人應該怎麼做才合乎規範和道理，被自己設定的規則和框架束縛。即使是微小的失誤，也會習慣性地指責自己、貶低自己。嚴以律己，所以對孩子也非常嚴格。

▶ 失敗
「應該小心一點才對。」（後悔）
「凡事都要格外注意，以後不能再失敗了。」（責任）

▶ 日常中的矛盾
「不能給別人添麻煩，不能欠人情。」（禁止）
「一定要遵守約定。」（義務）

朋友型父母

積極共鳴卻忽視教導的朋友型父母，在孩子失敗時會給予溫暖的共鳴、安慰和鼓勵。雖然對孩子比旁觀者父母或獨裁者父母更積極，但對自己的自我對話卻相反。尤其在人際關係出現矛盾的情況時，朋友型父母會習慣消極地自我對話，經常反問自己：「我為什麼那樣說？」「我是不是做錯了？」「我好像說了不該說的話，一切都是因為我。」經常感到後悔，還時時擔心引發不必要的矛盾，一再糾結：「當時應該忍住的，幹嘛要說出來呢？」「自己吃點虧就算了。」換句話說，雖然朋友型父母很能理解和照顧別人的感受，但卻不會照顧自己的情緒。

▶ 自己的失敗

「注意一點就不會失敗了，都怪我自己沒注意。」（自責）

▶ 孩子的失敗

「沒關係，也是有可能會那樣。」（安慰）
「下次再試試看吧。」（鼓勵）

▶ 日常中的矛盾

「應該要忍住的，幹嘛說出來呢？一定是我說了那些話，才讓大家感到不舒服。」（後悔）

積極的自我對話

以上三種類型雖然有著不同程度的差異，但卻有個共同點，都屬於消極的自我對話。而導師型的父母呢？他們內心的自我對話是積極的，遇到失誤時會說「沒關係，也是有這個可能」來安慰自己，用「以後再努力試試看」來激勵自己。導師型的父母對自己也會給予認同、溫暖、親切，懂得照顧和安撫自己的心情。因為本身就很積極、寬容，所以對孩子也會以同樣的態度，安慰孩子沒關係，幫助孩子從失誤中學習。

**導師型
父母**

▶ 失敗

「沒關係，誰都會遭遇失敗，但是一切都會好起來的。」（安慰）

「失敗不代表人生結束，再重新站起來就好啦，一定可以做到！」（鼓勵）

「要學習怎麼站起來就要先摔倒，摔倒也是學習的機會啊。」（積極解釋）

「下次再努力試試看。」（鼓勵）

▶ 日常中的矛盾

「每個人都會經歷矛盾。」（積極的想法）

「會有辦法解決的。」（積極的想法）

類型	對失敗的反應	自我對話特徵
旁觀者 父母	悲觀、迴避 「怎麼辦？這下完蛋了。」	對自己否定 對孩子也持否定態度
獨裁者 父母	義務、責任 「絕對不能失敗。」	對自己否定 對孩子也持否定態度
朋友型 父母	自責、後悔 「都是因為我。我應該～做才對。」	對自己否定 對孩子持肯定態度
導師型 父母	安慰、鼓勵 「沒關係。下次再努力試試。」	對自己肯定 對孩子也持肯定態度

當意識到了，也就是變化的開始

每天我們都會聽到內心無數的聲音，有安慰、支持和鼓勵的積極話語，當然也有指責、嘲弄的消極聲音。在無意識中浮現的聲音是消極的還是積極的，能夠意識到並區分的那一瞬間，才是變化的開始。有人天生正面積極，有人總是消極，但這並非一成不變，就算是生來性格消極的人，只要有意識地練習改變自我對話的方式，久而久之也會變得積極正向。透過練習積極的自我對話，養成習慣，那麼任何人都有機會成為導師型父母。首先，我們要觀察並客觀看待自我對話的型態，「原來我常常往壞處思考」、「我對孩子的一點點小失誤也很敏感，會給予負面的回應」。我們

要能夠檢視自己，每當出現消極的內心聲音時，就要有意識地努力轉換成積極的想法和話語，這樣才能停止成為自己和孩子的批評者。對自己說親切、溫暖的話，原諒自己小小的失誤，好好照顧自己的心靈，養成溫暖親切對待自己的習慣，這些都需要不斷練習和努力。

正面積極地接受失敗

孩子在成長過程中會遭受無數大大小小的失敗，在學校生活和人際關係中會不斷摔倒。每當這種時候，父母的內心會產生負面的聲音，而且會層層疊疊越堆越高。為了培養摔倒也能像不倒翁一樣站起來、復原力強的孩子，首先要以積極正向的態度接受失敗，只有這樣才能產生重新站起來的力量。孩子也會樂觀、積極地面對考驗和難關，看著戰勝失敗的父母，孩子也會從中學習不畏懼失敗，成長為健康、正向思考的孩子。

第三部

不倒翁育兒在現實生活中
是這樣活用的

第 1 章

培養內心
堅強的孩子

對犯錯的孩子
不要質問「爲什麼？」

小學一年級：接到孩子在學校發生問題行爲的抗議電話

經常聽到孩子在學校做了哪些問題行爲引起抗議，例如對晚進教室的同學說他是「倒數第一」；看到同學數字寫錯就說人家是「笨蛋」；同學們遊戲的時候故意搗亂。導致現在只要聽到電話鈴響就害怕，心裡咯噔一聲想著，「不知道孩子這次又做了什麼事？」但當我問孩子爲什麼要那樣做？他卻回答：「我沒有，是他先罵我的。」「是○○○先捉弄我，所以我才捉弄他。」剛開始我也都相信孩子的說法，但後來卻發現不是那樣的。

・可以隨隨便便說同學是「倒數第一」嗎？（質問）

・為什麼要那樣做？（指責）

・給我說實話，不准說謊。（禁止）

・媽媽也很煩，你能不能不要再讓學校打電話來了？

（誘發罪惡感）

　　從學校或其他同學的媽媽那裡接到抗議電話，或者聽到有關孩子問題行為的事，真的很令人傷心。如果孩子持續欺負朋友和惡言相向，父母當然應該積極介入，努力改善孩子的行為。

　　不過上述對話中的孩子卻否認，堅持自己沒有那樣做，看得出來他在防衛、保護自己，所以首先要打開孩子的心。

 ・今天接到學校打來的電話，說你笑同學「倒數第一」

和「笨蛋」，跟同學發生爭執。媽媽聽到很擔心，也

很想知道你為什麼要那樣說。（傳達事實）

・我想你不會無緣無故對朋友說那種話吧，你應該也

有自己的理由，你要說出來，媽媽才會知道。（**積極的理解**）

　　孩子做錯就是做錯，但就算孩子出現問題行為，也可以嘗試用信任的語言進行對話，而不是追究。

　　不是要偏袒孩子，只是比起把注意力放在錯誤和問題上，更重要的應該是要觀察錯誤背後，孩子的立場和內心，才能解開孩子封閉的心。教導也可以讓孩子敞開心扉。

 ·聽你說完，我可以理解你為什麼會生氣。（**理解孩子的感受**）

·不過就算生氣也不能笑同學「倒數第一」或「笨蛋」，說這些話只會破壞跟同學的關係。（**明確的說明**）

·以後再遇到類似狀況，你可以直接把生氣的理由說出來，例如：「你們玩遊戲都不找我，我覺得很難過，所以生氣了。」這樣就可以了。（**提出解決方法**）

「不會無緣無故。」

「你也有自己的理由吧。」

這是把誤會轉化成理解的話語。孩子比誰都想改正錯誤的行為，如果有人可以理解他的心，那麼孩子自然願意開口說話。

對說謊的孩子

避免命令「要誠實！」

 ・不准說謊！要誠實。 **（禁止）**

・你覺得媽媽會上當嗎？為什麼要說謊？ **（當面駁斥）**

・媽媽有沒有說過，不准說謊？ **（質問）**

・你在學校也這樣嗎？在老師面前也會說謊嗎？ **（放大）**

・如果你總是說謊，以後就沒有人會相信你說的話！

　（恐懼）

・媽媽最討厭說謊的人！ **（誘發罪惡感）**

・你再說謊，就真的要接受處罰了。 **（警告）**

看到孩子若無其事地撒謊，父母一定會擔心，但是大人和孩子看待謊言的觀點有點不同。對大人來說，謊言是道德的瑕疵，但對孩子來說，就是想像的一環。孩子喜歡想像，所以喜歡編故事。

因為害怕被罵，為了避免被罵，所以用謊言搪塞過去。問孩子：「作業寫了嗎？」就算還沒寫，孩子多半也會回答：「寫了。」因為如果老實說：「還沒。」八成會被罵。既然待會就會去寫，乾脆先說已經寫了。

說謊是不對的，是不道德的，這對尚以自我為中心思考的孩子來說，是很難切身感受的道理。與其嚴厲地教訓孩子，不如將這視為孩子成長中必經的過程，並積極應對。

 ・沒關係，誰都可能會說謊，每個人多少都說過一、二次謊啊。**（理解孩子的感受）**

・但是有一個人你一定不能對他說謊，那就是你自己。因為只有你知道自己是不是在說謊。為了自己，要盡量避免說謊。**（教導）**

・即使你騙媽媽，媽媽也不會怪你。**（說出父母的感受）**

・但如果經常說謊對你並不好，不但擔心被揭穿而提心吊膽，萬一被發現還會覺得很羞愧，所以還是不要說謊比較好。（教導）

　　羞恥是讓自我縮到最渺小的情緒。每個人都會因感到羞恥而畏縮，如此一來，自尊就會變得低落。

　　嚴厲的指責會紮在心底，讓孩子感到痛苦，而溫暖的話語會觸動人心，改變孩子。如果父母能給予理解和積極的態度，那麼孩子說謊的狀況就會逐漸減少。

對把玩具帶回家的孩子
不要說「細漢偷挽匏，
大漢偷牽牛！」

七歲：孩子去朋友家玩回來，外套口袋裝著朋友的玩具。
問起原因，他謊稱：「是朋友給我的。」

 ・你怎麼可以亂拿別人的東西？（指責）

・細漢偷挽匏，大漢偷牽牛！（威脅）

・你想要就說，我會買給你啊，為什麼要拿別人的？
（質問）

・因為是第一次所以不追究，但如果再犯，我真的會
處罰你。（警告）

知道孩子未經同意就拿了別人的東西，身為父母一定會感到不安。而且偷拿東西還不夠，居然還撒謊，做家長的腦中一定頓時一片空白，心中燃起怒火。雖然不能說把孩子教育得無從挑剔，但也沒想到孩子會變成這個樣子，實在令父母苦惱又擔心。

　　但或許孩子的本意並不是要偷。從幼兒園到小學低年級階段，這個時期的孩子常常會拿別人的東西，這是因為對這個階段的孩子來說，要區分「自己的」和「別人的」這種「擁有」的概念還很薄弱。

　　因此，**與其帶著消極的情緒面對，不如明確教導孩子區分什麼是「給」、什麼叫「借」、還有未經允許持有這三種行為的差異，這樣孩子才能領悟道理。**

 ・你很喜歡那個玩具吧。（讀懂感情）

　・但是這個玩具是誰的呢？（釐清所有權）

　・是朋友送給你的嗎？還是借你的？或者是你自己拿回來的？（詢問情況）

第一，當朋友說要「給」時

「如果朋友說要給你，你可以告訴他：『沒關係，我想要的東西媽媽會買給我。』因為你有任何需要都可以跟媽媽說。」

幼兒時期的孩子在人際關係方面還不成熟，有時候想藉由一些物品來討好別人。要教導孩子學會用心交朋友，而不是透過送東西來交朋友。

幼兒時期的孩子還不懂得珍惜物品，會因為衝動、一時興起就想擁有。有時送給了別人，也常突然改變主意想拿回來。「不要，你已經給我了，所以現在這個是我的，已經給別人的東西為什麼還要拿回去？」這樣就容易引發爭執。可以教導孩子遇到這種狀況時，先謝謝對方的心意，但東西就不用收下沒關係。

第二，朋友說「借」給我時

「如果朋友說要借，你就說：『謝謝，我會好好使用再還給你。』」同時叮嚀孩子一定要歸還。

「借」的概念比「擁有」複雜得多。東西借給別人，但所有權不會變。重點是必須好好遵守使用後要歸還的約定，

這對孩子來說可能會很難，所以更應該由父母好好教導。

第三，未經允許就把朋友的東西拿回來

「未經主人同意就把東西拿走，那你應該要對朋友說：『對不起，我沒問過你就把東西拿回來了。』向朋友道歉並歸還。」

像這樣，區分「給」、「借」，與「未經允許拿走」三種狀況來教導孩子。

・「你喜歡就拿去，給你。」 → 「沒關係，不用了。」
・「借給你。」 → 「謝謝，我用完會馬上歸還。」
・未經允許就拿走 → 「對不起！」

比起嚴肅看待，不如明確地教導孩子「擁有」的概念，累積歸還的經驗，孩子就會學習和改變。

對失約的孩子

不要質問
「爲什麼不守約定？」

　　雖然知道 YouTube、手機遊戲對孩子不好，但實在很難控制，所以我會在允許的範圍內定下界限。

　　只要孩子守住界限，就不會有什麼問題，也不會起爭執。但問題是大部分孩子都不遵守約定，對父母來說是一件非常困擾的事，常會說出帶有情緒的話：「為什麼不遵守約定？」「就是因為你這樣，我才不讓你玩手機。」那麼從現在開始，為了守護父母的用心，給孩子正確旳教導，請實踐以下三點：

一，**預告時間**。如果讓孩子看三十分鐘的卡通，那麼在三十分鐘快到前就先預告，比時間一到就關掉電視的做法好。

・已經看了二十分鐘，還有十分鐘喔。
・還有五分鐘，再看五分鐘就要關掉了。

　　幫助孩子做好心理準備。孩子們在看影片或玩遊戲時會非常投入，無法分心注意時間，就會發生看得正起勁卻必須關掉的狀況。所以不如先告訴孩子還剩下多少時間，讓孩子提前做好心理準備。

　　二，**積極教導**。

・時間已經到了！你爲什麼不遵守約定？（指責）
・就是因爲你都這樣，我才不讓你玩手機。（誘發罪惡感）
・快點關掉！（命令）

這些都是負面信息。在孩子不遵守約定的情況下，父母還是可以用積極的態度回應。

・玩得正起勁要停下來不容易，我知道很難，但你還是可以試試看。

・YouTube 上看得正開心，突然要關掉很難吧，但還是得關掉，我們要遵守約定啊。

雖然也是要孩子「關掉」，但傳達的信息是積極的，話裡對孩子必須中斷的心情產生共鳴和理解。這樣說是希望孩子能立即停止看影片、玩遊戲，但如果孩子回說：「再一下嘛！」「打完這關就好。」「再等一下。」那就會出現困難，這種時候就需要協調了。

三，**協調好明確的時間**。「等一下」、「再一下下就好」、「再過一會兒」這樣的時間表現非常抽象，因為每個人的標準不一樣，對媽媽來說「再一下下」可能是一分鐘，

但對孩子來說可能是五分鐘，這就是為什麼到後來會出現「你不是說再一下下就好？為什麼到現在還沒關掉？」這類對話的原因，因此最好能協調出一個明確的時間。

> 👦 再等一下。
> 👩 不要說再等一下，定個時間，就再給你五分鐘可以吧？

> 👦 看完這個就好。
> 👩 你是說看完這一段嗎？那還剩幾分鐘？

孩子可以在影片中確認還剩幾分鐘，如果還剩五分鐘就可以允許，也可以協商。若孩子說看完這一段，但這一段影片離結束還有很長時間，那就要重新協調。

😊 本來說好只看三十分鐘的，但是這部影片時間太長，只能看一部分。以後盡量挑選在限定時間內可以看完的影片吧。

　　讓孩子考量時間限制，選擇適當長度的影片也需要練習。在孩子可以完整遵守約定之前，必須反覆練習和協調，不可能一開始就做好。如果你的孩子不遵守時間約定，總是無止境的玩遊戲、看 YouTube 影片，不妨試試以上三種方式，預告、積極教導、協調明確的時間。

第 2 章

培養能夠調節
情緒和行動的孩子

對不服輸的孩子
如何安慰自己受傷的心

　　輸當然不會是愉快的經歷，有些孩子特別不服輸，就算只是下盤棋，輸了也會像世界末日一樣崩潰傷心；和爸爸玩投籃，如果爸爸的分數超過自己就賭氣喊停。無論是運動比賽、跑步、遊戲，只要覺得好像快輸了，就乾脆中途放棄。

　　不服輸的孩子、好勝心強的孩子，通常也是容易輸的孩子。因為雖然想贏卻輸了的時候，他們的心中缺乏可以應對的心理結構。

　　有些父母會故意輸給孩子，因為擔心孩子的心太脆弱承受不了，但這是不可取的。這樣一來，孩子在外面和朋友玩

遊戲時就更無法接受輸了，朋友當然不會故意輸給他，「在家裡都是我贏，怎麼能輸給朋友呢？」這種想法讓孩子面臨「輸」的時候，會更難承受。

> **小學一年級：玩桌遊時因爲輸了而哭**
>
> 😟 ・有贏就有輸啊，這有什麼好哭的？（斥責）
>
> ・難得一起玩你偏偏要這樣，換個立場想一想，如果是你，你會想跟一輸就哭的人一起玩嗎？（嘲諷）

指責和嘲諷都是不恰當的，教訓孩子也沒有幫助。不應該只是責罵，應該教導孩子接受傷心，安慰自己，也就是要教導孩子在遭遇不如意而傷心時做出適當的反應。

勝敗是結果，遊戲的樂趣是過程，教導孩子把注意力放在過程是非常重要的。如果只專注於結果，無論過程多麼愉快，最後輸了，一切就會被解讀為失敗。如果只專注於贏，輸了的時候就會對自己失望，覺得自己無能，在遊戲中的樂趣和享受都成了徒勞無功。想贏，追求成功的欲望固然好，

但也不能忽略了過程，不要只重視結果，這樣才能享受更多
快樂。

小學一年級：玩桌遊時因爲輸了而哭

😊 ・我知道你很想贏，但最後輸了，所以很傷心對吧。

（認同感受）

・但是你是爲了贏才玩桌遊的嗎？還是喜歡和朋友在
一起，覺得很快樂呢？你想想看是哪一個？ （提問）

😊 因爲跟大家一起玩桌遊很有趣，很開心。 （孩子的自覺）

😊 ・是啊，大家在一起是爲了度過愉快的時光，而不是
只爲了贏啊。再說玩遊戲也要靠點運氣，不可能每
一次都贏，也會有輸的時候啊。 （明確的說明）

・勝負是結果，但過程是快樂的，如果被結果束縛，
就會看不到過程。輸的時候想想過程中開心的回憶
吧，這樣可以安慰因結果而傷心的情緒喔。 （提出解
決方法）

無論輸贏，最好讓孩子順其自然地體驗各種結果。體驗過贏和輸，就算好勝心強的孩子也會漸漸以平常心看待結果，甚至會說：「有輸也會有贏。」「不管結果如何，我玩得很開心。」因而擁有足以撫慰受傷心靈的心理結構，學習成為一個脆弱時有能力調適心情，擁有健康心靈的人。

　　其實遇到事與願違的狀況，連大人也很難接受，需要不斷練習。壓抑感受、迴避情緒是無法學到如何調適的。當我們察覺到自己產生負面情緒時，先問問自己為什麼會有這種心情，知道原因才可以安撫，也會慢慢學會控制不舒服的情緒，也能漸漸適當處理負面情感，生活會更輕鬆自在。讓孩子廣泛體驗各種感受，對孩子的情緒發展非常重要。父母適度給予幫助和教導，孩子就可以與多變的情感和諧相處。

對愛哭的孩子
讓自己停止流淚的方法

　　孩子常常動不動就哭，那是因為調節情緒的肌肉太弱，能消除負面情緒的方法只有眼淚。如何認識和調節悲傷、憤怒、失望等感受，需要教導和練習。父母可以利用孩子哭的時候作為練習的機會，教導孩子調適心情。

七歲：因為傷心而無法好好說明原因

 ・你哭什麼？（斥責）

　　・你會什麼？就只知道哭？（負面獨斷）

· 不准哭！（壓制）

✳

取代「你哭什麼？」（斥責）
→理解情緒

　　孩子哭個不停，父母卻問他為什麼哭？聽起來像提問，本質卻是斥責，是在責怪孩子「哭了」。但哭不應該是挨罵的事，父母也不是真的想訓斥孩子，只是看到孩子哭覺得煩，就把自己的不快情緒以為什麼哭的指責投擲到孩子身上。

　　孩子哭了，但不知道自己為什麼哭。流淚的理由不應該問孩子，而必須由父母來理解，這樣孩子才能知道自己的情緒。

　　· 是因為傷心吧，傷心的話就會想哭。

　　· 是因為委屈吧，覺得委屈時也會想哭。

- 因爲捨不得嗎？本來想再多玩一會兒，但是必須上床睡覺所以覺得太可惜吧。
- 媽媽不知道眞正的原因，你可以告訴我，爲什麼哭嗎？

✳

取代「你會什麼？就只知道哭？」（負面獨斷）
→認同情緒

哭泣難道還分爲恰當的哭、不當的哭嗎？思想能分清是非，但情感無法分對錯。「你會什麼？就只知道哭？」這樣的評斷會讓哭泣的孩子感到被拒絕和排斥。對於情感不需要評斷，而是需要認同和接受。

- 我知道你很傷心。
- 站在你的立場上，應該很委屈吧。
- 我能理解這種失望的心情。

取代「不准哭！」（壓制）
→解決情緒

　　壓制不會讓情緒消失。為了適當處理情緒，必須自然地發洩出來才能消除。哭也是一種方法，而最好的方法當然是用說的，表達自己為什麼會有這種感受。

　　孩子要學習的，不是不流淚、不哭泣的方法，而是學習如何用眼淚消除悲傷、難過、委屈等各種情緒。等學會了用眼淚消解情緒的方法後，再來學習忍住眼淚的方法也不遲。孩子在成長階段必須要有充分哭鬧以緩解情緒的機會，父母應該給孩子這個機會，幫助孩子透過哭泣學習和控制情緒。

　　　· 你好好哭完，之後我們再說吧。

　　　· 盡情地哭，等心情好了再來找媽媽。

　　為了培養像不倒翁一樣摔倒也能站起來的孩子，當孩子

哭的時候不要只說斥責、獨斷和壓制的話。父母珍惜孩子的眼淚，孩子就可以學習如何處理負面情緒、戰勝負面情緒，讓心靈健康成長。

＊

如果孩子邊哭邊耍賴或扔東西

孩子哭的時候，常常伴隨著不理性的行為，哭著打父母、扔玩具、捧門、在地上打滾。因為孩子還不會處理不悅的情緒，心裡覺得不舒服，卻不知道不能用行動來消解情緒。

首先，**當孩子哭鬧時，要區分情緒和行為。**哭沒關係，但是扔東西的行為要糾正。認同情緒，但要控制行為。

> 😊 ・哭沒關係，你當然可以哭，但是不可以耍賴。（**認同情緒，控制行為**）
> ・就算生氣也不可以打媽媽。（**教導**）
> ・再怎麼傷心也不可以亂扔東西。（**教導**）

接著，給孩子調整情緒的空間和時間。換句話說，就是要確保孩子有適當的空間和時間調節自己的情緒。

> 🙂 你可以回房間大哭一場，等哭夠了再出來沒關係，媽媽等你。（提出替代方案）

如果孩子願意自己進房間當然好，但大部分的孩子並非如此，不肯獨自進去房間，認為被孤立。這時可以提醒孩子，如果自己不進房間，那就由媽媽帶進去。

> 🙂 客廳不是你一個人的空間，你在這裡大哭會妨礙到別人。如果你自己不進房間，那就由媽媽帶你進去。

最後，詢問哭前和哭後的感受。必須讓孩子自己區分並整理情緒，觀察自己在哭前和哭後有什麼不同。

😊 ・現在心情怎麼樣？提問)

・好點了嗎？沒事了嗎？現在有沒有舒服一點了？(提問)

・現在心情和剛才有什麼不一樣？（提問）

　　透過父母的提問，孩子會思考，「剛才很生氣，但現在沒事了。」能夠感覺得出差異，了解情緒不會一直持續，而是會增減甚至消失，是可以調節的。這就是培養情緒調節能力的過程。

　　情緒調節要靠自己，沒有人可以代替，必須透過經驗來領會。剛開始很難，給孩子時間，不管是一個小時還是二個小時，都有可能依然無法消氣。但是次數越多，調節的時間會越來越少，調節情緒的肌肉也會變得越來越結實。

　　眼淚不是壞東西，大哭一場後，一定會得到緩解。要教孩子的不是停止流淚，而是用眼淚適當發洩情緒的方法。給孩子充分的悲傷機會，確保整理情緒的時間和空間，用適當的話教導孩子，就能培養情緒調節的能力。

大人已經陪玩半天
卻哭著要多玩一會兒的孩子

自我安撫的方法

爸爸下班回家，雖然很累但還是先陪孩子玩。玩了好一會正想休息，孩子卻吵著還想繼續玩。

七歲：已經玩了很久，孩子還想再玩，但爸爸不答應

・好了，爸爸要洗澡了，爸爸也想休息啊。

・你這樣不管玩再久都不夠，明明說好再玩十次就結

束了，為什麼不遵守約定呢。

　　下班後已經夠累了還要陪孩子玩，打起精神玩了好久，卻聽不到一句好話，爸爸當然也覺得疲乏了。爸爸和孩子的遊戲時光，不只過程要愉快，最後一刻也要好好收尾才好，這樣下回爸爸才會帶著好心情多陪孩子玩。父母也是人，總不能硬著頭皮為孩子犧牲，一直陪孩子玩。所以請告訴孩子：

> 👩 ・和爸爸一起玩很開心吧，我知道你還想繼續玩。**(理解情緒)**
> ・不是爸爸不想陪你玩，只是今天差不多玩夠了。**(設置界限)**
> ・爸爸下班回家也想休息啊。**(說出感受)**
> ・你可以說：「今天玩得很開心！」那爸爸會覺得很有力量，明天就可以再陪你玩了。**(提出替代方案)**

孩子可能不知道，爸爸下班後很累，也想休息。從父母的立場來看，或許這是不說也看得出來的事，但對於在生活中各種經驗都不足的孩子來說，如果不明確告知就無法知道。與其用傷害心靈的指責回應孩子，不如表達父母的立場和感受，教孩子如何安撫自己。

如果知道爸爸累了，孩子也會想讓爸爸休息的。因為孩子也愛父母，如果知道爸爸明明想休息卻仍然陪自己玩，而且玩得很開心，那麼孩子就會更深刻地感受到愛。「原來爸爸這麼愛我。」「原來我是很珍貴的。」即使不繼續玩，孩子也不會不開心。

在滿足孩子遊戲欲望的同時，也要教導孩子感受玩樂的滿足，懂得適可而止。

不是消極的孩子
只是不會處理消極情緒的孩子

　　幾年前的兒童節，我帶孩子們去玩具店買禮物。大女兒像閃電一樣，很快就挑選好想要的禮物，但老二挑了好久還無法決定。雖然想買恐龍，但在嘴裡會發光，和腿和尾巴可以移動的二款恐龍之間一直苦惱。不停拿起來又放下，反覆思考了很久，最後終於選了嘴裡會發光的恐龍，但到了收銀臺結帳時，他又說：「我想要那個腳會動的……」

　　「你不是選了嘴裡會發光的嗎？如果想要另一個，那就換掉吧。」

　　「不是，可是那個恐龍的嘴巴不會發光。」

「那你決定買這個了嗎？」

「嗯。」

然而在去停車場的路上，孩子又再度抱怨，手裡拿著嘴巴會發光的恐龍，卻無法忘記腳會動的恐龍，一直到坐上車了都還在說：「我本來想買腳會動的那隻……」

明明自己做的選擇卻依然不滿，我實在無法理解。一直陪著孩子挑選，我也精疲力盡，好不容易買了禮物卻連一句好話都沒有聽到，我也覺得莫名不滿，在車裡終於忍不住說：

「那不是你自己選的嗎？為什麼又反反覆覆？我看不管買什麼給你都不滿意吧？」

剛好遇上兒童節連假，我卻感到非常疲憊，甚至覺得還不如送孩子去學校。

「這孩子為什麼那麼愛找麻煩？」

「到底什麼時候才能跟孩子真正的溝通呢？」

心裡真是既擔心又迷惘。

現在回想起來，兒子並不是「愛找麻煩的孩子」，而是「**很難朝積極方向轉換情緒的孩子**」這不是他整個人的問題，只是部分，我不該責罵他，而是應該好好教導。但當時的我並不知道，因為我也是一個對自己情緒掌握不熟練的母

親，所以沒能正確理解孩子在情緒轉換和處理上遇到的困難，也沒想到情感可以像知識和資訊，是可以教導的。

　　對情緒掌握不成熟的媽媽和對情緒認知不足的兒子，經過長期的情感鬥爭後領悟到，原來情緒也可以像知識一樣教導、學習。

　　不只是我的兒子，每個孩子都不會處理自己的負面情緒，因為不知道該怎麼辦，所以只好發脾氣、哭鬧、怪媽媽。請不要訓斥孩子，要教導。

 ・我知道你兩個都想買，但沒有辦法，所以覺得很遺憾。**（理解感受）**

・不過心情有很多種，沒辦法兩個玩具都買覺得遺憾，買了一個新玩具應該也覺得開心吧。**（理解感受）**

・你現在只感覺到遺憾，感覺不到開心，可以試看看能不能找到開心的感覺。**（明確的說明）**

・找到之後就可以把遺憾的心情送走，然後帶著開心的心情回家，這樣就可以轉換心情囉。**（提出解決方法）**

如果被不好的情緒束縛，會以為那種感受就是全部，但事實並非如此，傷心和遺憾都會隨著時間流逝而消失。情緒不是一成不變，是會移動、會轉換的。依照狀況珍惜孩子的感受，並對此產生共鳴，擺脫不好的情緒也很重要。父母給予教導，孩子就能好好地送走負面情緒，迎接新的感受。

　　「媽媽，我想去水族館。」

　　「現在時間不早了，水族館六點就關門，即使馬上出發也來不及了。」

　　「啊……好可惜，真的很想去……」

　　「那明天去吧。明天不用上學，我們早一點去吧。」

　　「好啊，明天去就可以玩更久，這樣更好。」

　　如果是以前，得花很長的時間才能安撫今天去不了的遺憾，但現在孩子已經可以很快地轉換，把遺憾轉換成愉悅。隔天去了水族館之後，離開時孩子這樣說：

　　「今天真的很好玩，雖然很想再待久一點，但是沒關係，因為以後還有機會再來。媽媽，我們下次再來水族館好嗎？」

　　以前每次出門回家前都會哭喪著臉，就算答應再多玩

三十分鐘，到了該離開的時候一定又會耍賴說：「我還想再玩一會兒。」在回家的車裡也是嘟著嘴的孩子，不知不覺已經長大了。

幾天前，昆蟲迷的兒子抓到一隻大蜘蛛，但馬上就被牠逃走了。如果是以前，他會懊惱「怎麼會這樣？太可惜了，應該牢牢抓住的，全都搞砸了。」然後皺著眉頭吵著要爸爸媽媽幫忙抓，那麼爸媽就會滿腹牢騷。但現在兒子這樣說：

「媽媽，我剛才抓到了一隻大蜘蛛，是非常大的蜘蛛。可是被牠逃走了，雖然有點可惜，但是沒關係。我可以親眼看到大蜘蛛已經很滿足了。能看到那麼大的蜘蛛，我覺得很幸運。」

孩子的情感脆弱，在情緒處理上經常失敗，但不能每一次都由父母來安撫，因為負面的情緒不會只出現在家裡，孩子在學校或其他地方也都可能發生不開心、難過的事。

如果孩子抱怨，那不是因為孩子消極，而是因為他還不認識自己的情緒，尚未學會處理的方法。情緒的認知和調節都可以學習，只要有人教導，孩子就會學習，持續學習，就不會一直停留在負面情緒裡。

父母和孩子一起成長的不倒翁育兒

　　我的第一個網路社群是 NAVER 部落格，當初是為了便於查找授課資料，於是把資料依照年級、科目分類存放在部落格裡。剛開始寫部落格時，我苦惱著該用什麼暱稱，如果用「智映老師」，那大家就知道我是誰了；用「尹老師」，感覺一點親切感也沒有。小愛老師、希望老師、陽光老師、月亮老師……這些全都不合適，後來突然想到，就用「不倒翁老師」好了。

　　「誰都可能會失誤，就是因為不知道才會失誤嘛。沒關係。」

　　「你們現在是小學生，只要想做什麼就去做，之後再慢慢找到喜歡的事就好。」

　　這是我經常對學生們說的話。我想建立一個體驗小成功

和可以安全失敗的教室，我的暱稱裡包含了希望孩子成長為像不倒翁一樣摔倒還能自己站起來的心情。

雖然對孩子們說即使失誤也沒關係，但是我對自己卻說不出這樣的話，也經常自責：「我為什麼只有這點能耐？」「我有教師資格，但是有當媽媽的資格嗎？」習慣把一般的失敗擴大為對自我存在的懷疑。在自我對話中抱持消極的態度。我並不是摔倒也能站起來的不倒翁，而是害怕失誤而戰戰兢兢，為了不摔倒而竭盡全力的人。

今年年初接到以《不倒翁育兒》為主題的出版提議時，雖然是很好的企畫，但我卻猶豫了。我思考著我有沒有自己特有的育兒法或教育哲學？關於不倒翁老師的育兒法，似乎沒有什麼可說的，但是對於培育像不倒翁一樣摔倒後能重新站起來的孩子，我倒有不少可以分享的內容，於是便開始提筆寫下。

但是寫著寫著，總是不斷冒出自己的故事，從認識情緒和掌握情緒的困難、消極的自我對話與孩子負面的相互作用，這本書中融入了許多發生在我周邊的故事。忍著忍著情緒就爆發了，事後又自責的惡性循環都是我自己的經驗。共

嗚像情感的乒乓球，這個內容也是透過我親身經歷的挫敗中領悟到的道理。

在寫書的過程中，不僅是孩子，身為母親的我也意識到自己內心越來越堅定。現在我可以看到孩子言行背後的意圖。外出用餐時孩子說：「不要，那家店不好吃。」在這句話的背後，我可以理解孩子對於去陌生地方吃飯感到不自在的情緒。如果是以前，我會立刻反駁：「你什麼都不要，又沒去吃怎麼知道不好吃。」但現在的我會說：「第一次去擔心不好吃是嗎？那我們就去試試看，如果真的不合口味不吃也沒關係。就先去看看吧。」不僅對孩子，對我自己也好好說話，這同時也是照顧自己的心。雖然心裡仍有消極的想法，但一旦察覺到就會把消極留在原地，轉而尋找內心的積極想法。與其為了改變而費力捕捉情緒，不如把原本就擁有的東西拿出來。

在努力理解孩子的同時，我也進一步認識了身為人母的我。為了培養孩子的心靈力量而努力之際，身為人母的我的心也變得健康、結實。共鳴和教導，積極的不倒翁育兒的受惠者不僅是孩子，父母本身也是。

希望這本書能幫助父母理解自己和子女，養成積極的心態習慣。透過「原來育兒專家也有同樣苦惱」這樣的共鳴，鞏固「我也能做到」的目標。希望父母和孩子都能互相交換彼此的真心，共同成長、互相支持。

www.booklife.com.tw　　　　　　　　reader@mail.eurasian.com.tw

天際系列 021

媽媽的說話練習2：培育內心堅韌、不畏失敗的不倒翁孩子

作　　者／尹智映
譯　　者／馮燕珠
發 行 人／簡志忠
出 版 者／圓神出版社有限公司
地　　址／臺北市南京東路四段50號6樓之1
電　　話／（02）2579-6600・2579-8800・2570-3939
傳　　真／（02）2579-0338・2577-3220・2570-3636
副 社 長／陳秋月
主　　編／賴真真
責任編輯／吳靜怡
校　　對／吳靜怡・尉遲佩文
美術編輯／蔡惠如
行銷企畫／陳禹伶・鄭曉薇
印務統籌／劉鳳剛
監　　印／高榮祥
排　　版／莊寶鈴
經 銷 商／叩應股份有限公司
郵撥帳號／ 18707239
法律顧問／圓神出版事業機構法律顧問　蕭雄淋律師
印　　刷／祥峰印刷廠
2024 年 5 月　初版

定價 360 元　　　　　ISBN 978-986-133-922-1　　　　
◎本書如有缺頁、破損、裝訂錯誤，請寄回本公司調換

在努力理解孩子的同時，我也進一步認識了身爲人母的我。爲了培養
孩子的心靈力量而努力之際，身爲人母的我的心也變得健康、結實。
共鳴和教導，積極的不倒翁育兒的受患者不僅是孩子，父母本身也
是。

——《媽媽的說話練習2：培育內心堅韌、不畏失敗的不倒翁孩子》

◆ **很喜歡這本書，很想要分享**

圓神書活網線上提供團購優惠，
或洽讀者服務部 02-2579-6600。

◆ **美好生活的提案家，期待為您服務**

圓神書活網 www.Booklife.com.tw
非會員歡迎體驗優惠，會員獨享累計福利！

國家圖書館出版品預行編目資料

媽媽的說話練習2：培育內心堅韌、不畏失敗的不倒翁孩子 / 尹智映著；
馮燕珠譯. -- 初版. -- 臺北市：圓神出版社有限公司, 2024.05
    240 面；14.8×20.8公分 --（天際系列；21）
    譯自：오뚝이 육아
    ISBN 978-986-133-922-1（平裝）

    1.CST：親職教育 2.CST：親子溝通 3.CST：說話藝術
528.2   113003334